FRAGMENT

D'UN LIVRE SOUS PRESSE

—⧴⧵—

PLUS ÇA CHANGE

ET PLUS C'EST LA MÊME CHOSE

—⧴⧵—

NOTES DE VOYAGE

PAR

ALPHONSE KARR

NICE,

SOCIÉTÉ TYPOGRAPHIQUE, IMPRIMERIE ET LITH. A. GILLETTA,

Rue de la Préfecture, 9.

—

1871.

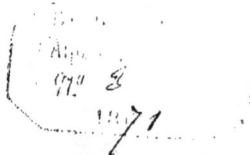

Ces quelques feuillets ne sont qu'un fragment d'un livre que j'achève, et qui aura pour
titre :

PLUS ÇA CHANGE

PLUS C'EST LA MÊME CHOSE.

Le livre comme le fragment auraient certes
gagné à paraître plus tôt, au point de vue
de la curiosité du public et dans l'intérêt de
l'auteur.

Mais :

Le livre se compose de notes prises au jour
le jour, pendant la dictature du gouvernement, dit de la Défense Nationale ; les criti-
ques, souvent amères, quelquefois acerbes
que contenaient ces notes, auraient pu diminuer — ne fut-ce que d'un fêtu — l'autorité
de ce gouvernement. Je n'ai pas cru devoir

les publier alors, mais elles ont à peu près toutes été adressées à un des membres du gouvernement, et, sur sa prière formelle, ce que je ne pensais pas devoir dire tout haut, je le disais à l'oreille en l'autorisant à en faire part à ses collègues.

Il en est de même de ce fragment.

Mais ici peut-être, contre ma coutûme, ai-je manqué de résolution, — et j'ai eu tort.

La France, comme les belles princesses des contes de Perrault, a été admirablement douée à sa naissance, — seulement une fée, oubliée ou mécontente, lui a refusé les bénédictions du bon sens. — Je n'ai pas été assez convaincu que cette méchante fée ait enfin été apaisée par nos malheurs.

Et j'ai reculé devant le danger que voici :

Les mots ont vu singulièrement, de ce temps-ci, changer le sens qu'ils avaient autrefois.

On a donné le nom de *patriotisme* à l'outrecuidance bête et à la fanfaronnade du Matamore et du Pyrgopolinice, le soldat fanfaron de Plaute — *Miles gloriosus*.

Ainsi on a accusé de manquer de patriotisme ceux qui émettaient des appréhensions sur l'issue de la guerre qu'allait entreprendre l'Empire.

On n'aurait pas manqué de renouveler cette niaise accusation contre l'auteur d'un exposé sincère de la situation réelle du pays, en y ajoutant peut-être celle de trahison.

Au moment où, en vue d'obtenir des conditions de paix plus favorables, on jouait la ridicule comédie par laquelle le gouvernement de la Défense Nationale a signalé les derniers jours de son existence:

Faire promener à grands frais des simulacres des troupes; feindre d'être en train de reconstituer des armées; prendre des attitudes martiales et terribles et se faire des moustaches de bouchon brûlé;

On n'aurait pas manqué de m'accuser de trahir et de révéler le mot et le secret de cette charade, connus des Prussiens, au moins autant que de nous, moi qui ne voulais dire que la vérité et qui, au lieu de cette puérile fantasmagorie, n'avais conseillé qu'une attitude, selon moi plus noble en cela qu'elle était plus vraie.

A savoir:

Licencier immédiatement et sans hésiter l'armée française, de telle sorte que l'on n'aurait pas, en cas de conditions exorbitantes, laissé les Prussiens se parer plus longtemps des noms sonores de belligérants, de vainqueurs, etc., etc., mais que, pour continuer la guerre, il leur eut fallu, ce dont je veux douter et je doute, accepter les noms d'assassins et de voleurs aux yeux de l'Europe et du monde entier.

La paix faite, je suis encore pour le licenciement immédiat et intégral de l'armée.

J'en donnerai les raisons à la fin et comme conclusion de ce fragment.

FRAGMENT

« ..... A la déroute d'Héricourt, dis-je. »

Le Préfet m'interrompit, et, d'un ton assez rogue, il me dit :

« — Monsieur, il n'y a pas eu de déroute à Héricourt. »

Comme j'avais mes renseignements, je continuai en reprenant :

« — A la désastreuse déroute d'Héricourt, au moment où, sans ordres, sans chefs, tout fuyait pêle-mêle, où plusieurs conducteurs des canons, des caissons et des voitures d'ambulance coupaient les traits pour se sauver plus vite avec les chevaux, — où d'autres passaient effarés, en écrasant les soldats blessés ou exténués, l'officier que je cherche ayant, à la suite d'une congélation, contracté une sorte d'hypertrophie du cœur qui lui causait des suffocations et des défaillances subites, fut renversé comme bien d'autres et transporté par ses soldats dans une ferme à Sainte-Marie.

« Il avait à peine eu le temps de reprendre connais-
sance lorsque la ferme fut attaquée et incendiée par
les Prussiens ; lui et ceux qui se trouvaient là essayè-
rent d'organiser une résistance qui eût le résultat que
voici : sur quinze cents, cent cinquante seulement sur-
vécurent à ce combat et se réfugièrent à Besançon, où
mon homme est très malade à l'hôpital.

« Je vais le chercher ! »

« — Quant à aller d'ici à Besançon, me dit le Préfet, je ne crois pas que cela soit possible. »

« — Pouvez-vous m'indiquer une autre voie ? »

« — Non. »

J'allai à l'intendance militaire. Là, j'appris que,
depuis quelques jours, huit ou dix convois de blessés
et de malades avaient été amenés de Besançon à
Lyon, et les uns répartis dans divers hôpitaux, ambulances, etc., de la ville, les autres dirigés sur le Midi ;
mais qu'on n'avait rien inscrit et qu'il n'existait aucuns
documents.

Je me mis donc à parcourir et à fouiller les hôpitaux, les ambulances et les divers asyles consacrés à
nos pauvres soldats, et en même temps à chercher le
docteur Michel, médecin inspecteur des ambulances,
qui pourrait probablement me donner quelques renseignements.

Mes recherches, parmi toutes ces douleurs, avaient
été sans résultats, — et j'avais toujours manqué le
docteur Michel, — lorsque j'appris par hasard qu'il
logeait, comme moi, à l'hôtel Collet — et que probablement nous avions passé dix fois à côté l'un de l'autre.

Il mit très obligeamment ce qu'il savait à ma disposition, confirma le désordre et l'incurie qui avaient
présidé à la réception des blessés et des malades.

« — Un dernier train, me dit-il, parti de Besançon, a été attaqué sur la route par les Prussiens ; il y a eu, croit-on, beaucoup de tués, de blessés et de prisonniers. Quelques-uns, dit-on, ont réussi à s'enfuir. — Celui que vous cherchez, était-il dans ce train ? — Est-il resté à Besançon, d'où il n'est plus sorti ? — A-t-il été envoyé dans le Midi ? »

« — Je veux aller à Besançon. »

« — Ça n'est peut-être pas tout-à-fait impossible. Mais, pour avoir quelques chances, il faut faire le tour par la Suisse. »

« — Je partirai demain pour Genève. »

Pendant mes courses multipliées à travers la ville, j'avais remarqué plusieurs fois un drapeau rouge sur un bâtiment que je supposais être l'hôtel de ville.

Et je m'étonnais !

Personne n'ignore quels troubles et surtout quelles légitimes inquiétudes ont ému la ville de Lyon, depuis que deux drapeaux flottent sur les édifices pour rappeler sans cesse que la ville est divisée en deux partis, qui, à chaque instant, peuvent en venir aux mains.

On avait reculé devant l'emploi de la force pour faire disparaître le drapeau rouge qui, ne rappelant que les plus mauvais jours de notre histoire, est le drapeau de l'insurrection contre les lois, contre la liberté, contre l'humanité. Mais avait eu lieu l'horrible assassinat du commandant Arnaud, crime d'autant plus épouvantable qu'il avait été accompagné d'un simulacre ou plutôt de la parodie des formes de la justice, qu'il s'était perpétré en plein jour, marquant d'une tâche ineffaçable et les scélérats qui l'avaient commis et les lâches qui l'avaient regardé commettre.

Au milieu de l'épouvante et de l'indignation presque générales, M. Gambetta était venu à Lyon. A ce moment, c'était à qui protesterait contre un pareil forfait, à qui répudierait la moindre apparence de solidarité avec les assassins, à qui se placerait le plus loin d'eux.

Si M. Gambetta avait alors ordonné d'enlever le drapeau rouge, il ne se fût pas trouvé une seule personne qui eût osé s'opposer à cet enlèvement.

En 1848, à Paris, Lamartine avait, en quelques mots de sa parole éloquente, fait rentrer ce drapeau rouge sous les pavés. M. Gambetta se contenta de faire un long discours, composé de grands mots, et passa outre pour aller faire des discours ailleurs.

Est-ce lâcheté? Est-ce criminelle condescendance?

Je défendrai M. Gambetta de la première accusation, en constatant qu'il eût pu faire son devoir sans danger. Mais alors il faut admettre la seconde, en reconnaissant qu'il ne voulait pas perdre l'appoint et l'appui de la plus vile populace.

J'arrive à Genève, juste au moment où l'armée de l'Est se jetait en Suisse. Bourbaki désespéré de son insuccès, mais plus encore, m'ont assuré plusieurs de ses officiers, des tracasseries et de l'outrecuidance de M. Gambetta, qui, copiant une fois de plus les lithographies de 92, avait mis auprès de lui, je ne sais quel commissaire, essaye, sans même réussir en cela, de se brûler la cervelle; acte de folie sans excuse, car, s'il voulait mourir, rien ne l'empêchait de monter à cheval, de se ruer sur les Prussiens et de débarrasser la France de quelques-uns de ses ennemis avant de tomber lui-même.

En même temps arrivait la nouvelle de la capitulation de Paris et de l'armistice qui en était la suite, le hasard m'avait fait arriver malade à l'hôtel de la Métropole. Là, un certain nombre de Français fugitifs de Paris étaient venus abriter leurs précieuses personnes, et se consolaient des malheurs de leur patrie en écoutant de la musique et en dansant.

Ce sont ceux-là qui se montrèrent indignés de la capitulation de Paris ! — Ils ne comprenaient pas qu'on n'eût pas poussé la résistance jusqu'aux dernières extrémités. Selon eux, les Parisiens n'étaient pas pardonnables de ne s'être pas ensevelis sous les ruines de leur capitale.

Puis ayant encore plus besoin de consolations qu'auparavant, ils se remirent à écouter de la musique et à danser.

..... Qui s'amusera, si ce n'est le malheur !

Les grandes ambitions des petits hommes et les grosses phrases des avocats doivent occuper, dans les causes et surtout dans la prolongation et la persistance de nos calamités, une place égale à celle des folies et des crimes de l'Empire.

PARENTHÈSE : OU IL EST UN PEU LONGUEMENT, MAIS TRÈS UTILEMENT QUESTION DES AVOCATS.

Il y a plus de trente ans que, voyant envahir, par les avocats, et les bancs des assemblées politiques et surtout les places, les influences et les Ministères ; voyant les avocats s'imposer au pays, comme la caste des Brahmines aux Indes, j'ai dit et redit hautement une incontestable vérité :

« Un homme, par cela seul qu'il est avocat, est impropre à la direction des affaires du pays, et en doit être écarté systématiquement. »

En effet, tout avocat, après dix ans d'exercice de sa profession, a plaidé presque toutes les questions dans leurs sens les plus divers et les plus contraires.

A cette vieille rengaine qui appelle l'avocat « le défenseur de la veuve et de l'orphelin, » j'ai répondu que, « en face de l'avocat qui défend la veuve et l'orphelin, il y a toujours un autre avocat qui les attaque, et sans lequel il n'y aurait pas à les défendre. »

Sans compter quelques cas exceptionnels,

> « L'avocat C... D....... était un vieux malin
> Qui défendait la veuve et faisait l'orphelin. »

A la fin de tout procès, il y a toujours un avocat qui, le jugement prononcé, se trouve avoir soutenu le mensonge, l'injustice, le vol et les crimes de tout genre, et, comme tout avocat a perdu et gagné des causes, il arrive que tout avocat a joué un certain nombre de fois ce rôle fâcheux et que, à force de s'ingénier à égarer l'esprit des jurés et des juges, les avocats finissent par fausser et oblitérer leur propre jugement, et deviennent incapables de discerner, même de bonne foi, par des principes sérieux, le juste de l'injuste et le vrai du faux.

Cicéron, certes, n'est pas suspect de malveillance contre les avocats et les orateurs de profession, et cependant voici le portrait qu'il fait de l'orateur de profession élevé au sommet de son art :

« S'il se rencontre un homme — *Sin aliquis exti-*
« *terit, etc.* — qui puisse, comme Carnéades, soute-
« nir le pour et le contre sur toutes sortes de sujets,
« prononcer, dans la même cause, deux plaidoyers
« contradictoires, — voilà le véritable, le parfait, le

« seul orateur. — *Is verus, is perfectus, is solus ora-*
«*-tor* (1). »

Ajoutez à ce portrait deux ou trois touches emprun-
tées au même Ciceron.

Un des personnages des Dialogues de l'Orateur, An-
toine, donne comme précepte et comme exemple —
et sans que personne des autres interlocuteurs le ré-
fute ou du moins le combatte — que chargé de la
plus mauvaise cause, il la gagna cependant contre Sul-
picius, et il enseigne comment il faut procéder en
ce cas :

« Je pouvais à peine, dit-il, sans manquer à toutes
« les bienséances, moi qui avais été censeur, prendre
« la défense d'un séditieux coupable de cruauté en-
« vers un personnage consulaire accablé par le mal-
« heur......... Dans un cas pareil, il ne s'agit plus
« d'éclairer le juge, il faut, au contraire, porter le
« trouble dans son âme ....

« Quand je suis chargé d'une cause douteuse, et,
« où je vois que je ne pourrai agir sur l'esprit des juges
« par la conviction, j'emploie tous mes efforts à de-
« viner l'opinion, les sentiments des juges, ce qu'ils
« peuvent désirer ou craindre ....: »

Et puis, dans un autre ordre d'idées :

« C. Gracchus faisait cacher derrière lui, lorsqu'il

(1) *De Oratore*, lib. III, — Carnéades, envoyé en ambassade
à Rome par les Athéniens, fit, devant Galba et Caton le Censeur, les deux plus grands orateurs de ce temps, le plus
magnifique éloge de la justice, et le lendemain fit un discours
non moins éloquent dans le sens contraire (*Lactance*).

Le cardinal de Perron, après un discours pour prouver
l'existence de Dieu, offrit à Henri IV de prouver que Dieu
n'existait pas. — Henri le fit chasser.

« parlait en public, un musicien qui lui donnait rapi-
« dement le ton, le diapason, sur une flûte d'ivoire,
« pour relever sa voix, si elle venait à tomber ou pour
« la ramener après quelque éclat ..... »

Démosthènes disait que la principale qualité de
l'orateur, c'était l'action.

Qu'est-ce donc que l'action?

Cicéron va vous le dire par la bouche d'un des interlocuteurs qu'il met en scène :

« C'est l'art de peindre tous les sentiments par
« l'attitude, les gestes, les intonations de la voix ..... »

Et il reproche à certains orateurs de se laisser sur-
passer dans cet art par certains comédiens:

« Point de mouvements dans les doigts. — Que le
« buste conserve son aplomb, et, selon que le débit est
« calme ou véhément, que le bras se projette en avant
« ou s'arrête replié ..... »

Plus loin, il recommande l'emploi des syllabes brèves
ou longues dans telle ou telle circonstance.

Selon Ephon, les trois brèves qui suivent la longue
dans le *péon* et les deux brèves qui la suivent dans le
dactyle font couler le discours sur une pente douce,
tandis que le *spondée* avec ses deux longues rend la
phrase traînante, et que le *tribaque*, dont les trois
syllabes sont brèves, lui impriment un mouvement
trop précipité.

La voix, à la fin d'une période, aime à se reposer
sur une syllabe longue *(Cicéron à Brutus)* etc., etc.

Un vieux magistrat disait :

« Rien n'est si clair et si facile à juger que la plu-
« part des causes sur l'exposé des faits, rien de si em-
« brouillé et de si difficile que la même cause après
« que les avocats ont parlé. »

Notez bien que tout ce que je cite ici, je l'emprunte aux écrits ayant pour but avoué l'éloge et l'exaltation de l'orateur. Et ne croyez pas que les idées modernes soient sur ce point différentes des idées des anciens. — Il m'est tombé l'autre jour sous les yeux un écrit de M. Marc Dufraisse, avocat comme Cicéron et dans l'occasion homme politique comme lui, un de ces préfets qui ont ajouté de nouveaux et singuliers perfectionnements aux candidatures officielles si amèrement et si justement reprochées à l'Empire, en se nommant eux-mêmes préfets.

Dans cet écrit, M. Marc Dufraisse donne Mirabeau comme un grand et sublime orateur.

Mais, sans s'en apercevoir, il en fait une sorte d'histrion de mauvaise foi, en répétant qu'il n'était jamais plus éloquent que lorsqu'il ne sentait pas ou ne pensait pas un mot de ce qu'il disait.

Il ajoute qu'il trahissait très probablement la République et s'était vendu à la monarchie.

Mais que, cependant, il ne prendrait pas sur lui de le condamner, tant il a d'admiration pour l'éloquence.

Et il termine en conseillant aux peuples, sous peine de mort, d'aimer et d'admirer leurs orateurs.

Jolie morale ! et rare bon sens !

Les avocats, à force de pratiquer l'art d'abuser de la parole, finissent par se tromper eux-mêmes, croient à leurs propres paroles et s'enivrent du vin qu'ils versent aux autres.

Quand Jules Favre a dit à la tribune :

« — Nous avons fait le serment de mourir jusqu'au dernier. »

C'était une phrase à effet. Mais ne croyez pas un moment que celui qui la prononçait crut engager ni

lui-même ni ceux au nom desquels il parlait, au-delà
de la phrase exécutée,

Comme un chanteur qui a chanté :

« Amis ! secondez ma vaillance !... »

ne se croit forcé dans la coulisse, ou la toile une fois
baissée, d'aller à la tranchée et de combattre les ennemis ; la représentation est finie ; il rentre tranquil-
lement souper et se coucher.

De même, c'est sans s'être renseigné le moins du
monde, sur les forces en hommes, en armes, en argent
et surtout sur l'élan patriotique du pays que Me Jules
Favre a prononcé, à tout hasard, sa fameuse phrase :

« — Pas un pouce de territoire, pas une pierre,
etc. »

Cette phrase qui a amené la continuation désastreuse de la guerre, pour nous livrer épuisés et désar-
més à un ennemi qui alors pouvait encore nous
respecter.

Alors Me Gambetta a voulu faire aussi une belle phrase
et il a dit :

« — Faisons un pacte avec la victoire ou avec la
mort ! »

Phrase qui n'engageait non plus à rien, car Me Gambetta, déjà obligé de se faire tuer par la promesse
solennelle faite par Me Favre, au nom de tout le gouvernement, s'engageait une seconde fois, mais a cru
comme les autres qu'on pouvait remettre indéfiniment
l'échéance de cette double promesse, comme celle des
effets de commerce.

Il n'est pas venu à l'esprit de ces messieurs, presque
tous avocats, que pour que ces grosses phrases ne devins-
sent pas ridicules, il eut été décent, si ça leur paraissait

dur de se faire tuer « jusqu'au dernier » qu'au moins
un d'entre eux, désigné par le sort, fît ce qu'ont fait
tant de pauvres diables sacrifiés par leur ambition et
leurs phrases creuses, c'est-à-dire marchât résolû-
ment au-devant de l'artillerie prussienne. — Ça n'aurait pas été, selon leur engagement, « tous jusqu'au
dernier » mais enfin on aurait vu un peu de bonne
volonté et peut-être leur eût-on fait grâce du reste.

Mais, pas un instant, un seul ne s'est cru lié, et obligé
par ces phrases. Elles ont produit leur effet comme
phrases, et tout est dit.

Exactement semblables aux danseurs de l'Opéra,
l'un fait la pirouette, puis sur le devant de la scène,
les bras arrondis, le haut du corps penché en avant,
dessinant de ses yeux et de ses lèvres, également enlu-
minés, un sourire postiche, il attend les applaudisse-
ments. L'autre, de son côté, essaye de faire un tour de
plus que son rival, s'élance sur la pointe du pied, puis,
prenant exactement la même attitude, simulant le
même sourire, s'incline devant le public et attend le
juste prix de sa belle pirouette.

J'indiquerai sommairement pour ne pas prolonger
outre mesure cette parenthèse, deux autres inconvé-
nients de la présence si ridiculement multipliée des
avocats dans les assemblées politiques.

Le public s'accoutume à exiger de tout représentant
qui prend la parole, cette faconde, le plus souvent filan-
dreuse et creuse, qui consiste à parler longtemps sans
s'arrêter.

Et pour ne parler que du très-petit nombre de
ceux qui ont un véritable talent de parole, c'est
dénaturer, d'une façon très-nuisible aux intérêts du
pays, le rôle d'une Assemblé de représentants que d'en

2

faire une succursale et quelquefois une antichambre de l'Académie.

J'ai vu des gens très-sensés, très-braves et ayant à émettre des opinions du plus grand intérêt, ne pas oser traverser l'Assemblée, monter à la tribune et prendre la parole, parce qu'il leur manque ce que possède le plus infime avocat, le dernier des l'*Intimé*, des *Petit-Jean* et des *Chicoisneau*.

Eh bien! une Assemblée réelle des représentants du pays doit renfermer, dans son sein, des penseurs, des ouvriers, des savants, des ignorants, des praticiens, des spécialistes, qui peuvent arriver à la perfection de leur art ou de leur métier sans être orateurs, et dont les avis et les opinions librement exprimés importent fort au pays et doivent être exprimés, fût-ce en patois.

J'avais un moment, en 1848, obtenu la suppression de la tribune et j'aurais rendu là un véritable service à mon pays si cette suppression avait été maintenue.

Voilà le premier inconvénient.

Le second est que les avocats, dans l'exercice de leur profession, selon le hasard des causes qui leur échoient, accoutumés à nier tour à tour les vérités les plus évidentes, à affirmer les assertions les plus insoutenables, se prodiguent les démentis, les insinuations, les accusations même les plus offensantes, sans se blesser et s'offenser plus qu'Agamemnon et Achille ne se ressentent, dans les coulisses et la toile tombée, des bravades et des provocations qu'ils ont échangées sur la scène.

« Je ne dis plus qu'un mot, c'est à vous de m'entendre. »

Un des avocats, en effet, nie la vérité et affirme le

mensonge, mais c'est à l'autre que demain incombera le même rôle et n'en étant honteux ni l'un ni l'autre, ils ne se blessent pas de se l'entendre reprocher.

Ces mœurs et ces habitudes, portées aux Chambres par messieurs les avocats qui les encombrent, ont abaissé le diapason et le ton de la discussion politique, et lui ont enlevé beaucoup de noblesse et même de décence.

Fermons la parenthèse.

Me voici à Genève.

Retenu vingt-quatre heures par un violent accès de fièvre, je pars pour Lausanne. En route je me trompe de wagon. Dans celui où je monte par erreur, je fai une heureuse rencontre, J. Mathey, que j'avais connu au Hâvre, il y a bien longtemps.

« — Où allez-vous? »

« — A Neufchâtel. »

« — Vous n'y trouverez pas de logement. »

« — Mais je n'y compte passer qu'une nuit, et aller à Besançon. »

« — Cette nuit, vous la passeriez dans la rue, si je ne vous recommandais à un autre J. Mathey. »

« — Votre parent? »

« — Non ! Mon ami. »

« — Eh ! pourquoi n'y trouverais-je pas seul une chambre et un lit, au besoin même un fauteuil? »

« — Parce que l'armée de Bourbaki, en déroute, entre en Suisse par Verrières ; que 83,000 hommes, çà tient de la place, sans compter une partie de l'armée fédérale levée pour le cas où les Prussiens voudraient poursuivre les Français sur le territoire neutre. »

En effet, je rencontre à Neufchâtel J. Mathey, que je prie de me trouver une chambre.

« — Il n'y en a qu'une dans Neufchâtel, me dit-il, et c'est celle où vous êtes. »

Il y a des gens si naturellement bons qu'on sent qu'en acceptant leurs services on les oblige et on les comble de joie.

La gracieuse Madame Mathey me dit :

« — Ne vous inquiétez pas si vous entendez aller et venir cette nuit, c'est que nos grandes chaudières vont travailler à faire pour les pauvres soldats français de la soupe et du café que, dès le jour, nous irons leur porter.

« — Mais, je veux aller avec vous. »

Je fais chercher dans la ville ce qu'on peut se procurer de cigares, et dès l'aube, Madame Mathey, une jeune parente et sa fille — une aimable enfant qui a fait les plus magnifiques promesses d'application pour être de la partie, — nous partons, chargés de marmites, de cafetières, de pain, etc.

Neufchâtel, comme la plupart des villes de Suisse, n'a pas de palais. On n'y trouve, en fait de grands bâtiments, que les églises et les écoles.

On ouvre les écoles et les églises aux blessés ; tous sont malades, harassés, épuisés.

Les cours des écoles seront suspendus ; mais les enfants ne perdront pas leur temps ; ils apprendront à être bons, charitables, généreux. Il n'y aura pas de messe et de service divin pendant quelque temps. Dieu acceptera volontiers en compensation, ces blessés, ces malades, ces malheureux abrités, soignés, nourris, secourus, consolés.

Sur la route, nous rencontrons d'autres jeunes

femmes, également chargées de marmites. Toutes se saluent d'un regard affectueux de complicité. Je ne sais si quelques-unes avaient besoin d'être embellies par cette auréole de charité, mais toutes semblent si heureuses du bien qu'elles vont faire, leur démarche est si leste, si légère, leur sourire si doux, leur visage si illuminé de bonté! — Ah! chères femmes, comme cela vous va bien et comme vous êtes charmantes!

Nous entrons dans celui de ces asyles qui nous est échu.

Comme la grâce ajoute à la charité! — Rien de ravissant, comme de voir ces jeunes femmes, au milieu de ses soldats haves, déguenillés, farouches, exercer immédiatement une douce autorité de mère. Elles les font ranger en ordre pour n'oublier personne; elles partagent et distribuent avec intelligente sollicitude.

« — Qu'avez-vous, mon ami? Allons, voici ce qu'il « vous faut. »

Ceci est pour ceux qui ont telle maladie et cela pour ceux qui ont telle autre.

Je parle à mes pauvres Français; j'essaye de leur donner l'espérance de la guérison, de la paix, du retour dans la patrie et dans la famille. Mais je suis si ému, à la fois de tant de misère et de tant de bonté, que je sens ma voix rendue sourde par les larmes qui veulent sortir de mon cœur.

Et les plus pauvres veulent donner. Quelques gens, qui évidemment ont pris sur leurs propres besoins, apportent un peu de pain et de fromage; des enfants donnent la pomme de leur déjeûner et grignottent joyeusement leur pain sec.

Ah! grande patrie sur une petite terre! sage et

heureuse Suisse, tu as compris que la vraie grandeur n'est pas dans la largeur du territoire !

A Neufchâtel, je reçois une lettre qui change tout. Mon ami faisait partie de ce convoi de blessés et de malades dont m'avait parlé le docteur Michel, et qui a été mitraillé et décimé à Byans, sur la route de Besançon à Lyon, et il a échappé à la mort. Mais il est prisonnier.

Je ne vais donc plus à Besançon, mais à Byans ; ce n'est plus tout-à-fait la même chose.

Besançon est occupée par les Français, investie, il est vrai, mais de loin et assez négligemment par les Prussiens.

Byans est au centre de l'occupation prussienne. On n'y peut arriver qu'en passant par Pontarlier qui est au pouvoir de l'ennemi et en traversant tout un pays qu'il a envahi.

Il faut se procurer un laissez-passer pour entrer à Pontarlier, en désirant que les avant-postes et les sentinelles me laisse, sans tirer, approcher d'elles pour l'exhiber. Il faut aller à Berne demander ce laissez-passer au lieutenant général comte de Rœder.

M. de Rœder me reçoit fort poliment, me donne le laissez-passer demandé, et, après quelques instants de conversation, sort un moment de son salon et revient en me donnant une de ses cartes, sur laquelle il a écrit:

Recommandé par le lieutenant-général comte de Rœder.

« — Ne perdez pas cela, me dit-il ; ça peut vous servir. On ne sait pas ce qui peut arriver dans un voyage comme celui que vous allez faire. »

Je m'adresse ensuite au général Herzog, commandant en chef des troupes de la Confédération Suisse. Il me faut un mot, en ce moment de trouble, pour sortir de la Suisse par Verrières et y rentrer par la même voie.

Là, je suis frappé de la simplicité des rouages d'un gouvernement réellement et sincèrement républicain.

Devant moi déjà il signe l'ordre de licencier plusieurs corps. L'entrée des Français en Suisse se fait régulièrement ; les Prussiens ont renoncé à inquiéter leur retraite ; les troupes suisses, convoquées et mises complètement sur pied en quelques heures, sont licenciées en quelques minutes. Aussitôt que tel ou tel corps n'est plus indispensable, on le renvoie chez lui.

C'est que, en Suisse, tout le monde, sans exception, est soldat, et soldat exercé dès l'enfance et toujours tenu en haleine. Mais aussi, personne n'est seulement soldat, personne n'est soldat de profession. Tout citoyen est prêt à s'armer pour la défense du pays, mais aucun n'est au service d'une ambition particulière. Chacun retourne à son métier, à ses affaires, à ses loisirs, à l'instant même où son concours n'est plus indispensable.

Tandis que dans les armées permanentes des monarchies, — armées dont le prétexte est la défense, la gloire (?) ou l'élargissement du pays (comme si tous ces monarques n'en avaient pas cent fois plus qu'ils n'en peuvent gouverner) mais la cause réelle son oppression — le soldat, en temps de paix passe bêtement sa vie au cabaret ou au café, selon son grade, et là, se corrompent et s'abrutissent nécessairement dans une oisiveté exaspérée par l'absinthe, les meilleurs naturels et les intelligences les plus distinguées.

Le général Herzog se plaint de quelques entraves que met à l'agencement des secours et à l'installation des troupes, l'étourderie de quelques officiers français,

et en quittant Berne, je donne à l'*Helvétie* les quelques lignes qui répondent en même temps à divers faits qui affligent, scandalisent et irritent presque ces bons suisses :

« Beaucoup trop d'ambulanciers, gras, fleuris, luisants de santé. »

On affirme que beaucoup de ces messieurs, ainsi que quelques médecins, ont été engagés à donner leurs soins aux blessés et aux malades, — et l'armée à peu près entière peut être rangée dans ces deux classes, tant tous sont fatigués, épuisés par le froid, par la faim, par les misères de tout genre — et ils auraient répondu qu'une fois entrés en Suisse, ça ne les regardait plus.

Le plus grand nombre des officiers quittent leurs soldats en les abandonnant à la charité suisse ; beaucoup d'entre eux se promènent dans les rues, vêtus de neuf, propres, coquets, brossés, serrés à la taille à faire saillir les hanches ; on en signale un qui vient d'entrer chez une mercière de Neufchâtel, et y a acheté une paire de gants de cinq francs.

On me raconte qu'à l'instant même, un de ces messieurs propret, tiré à quatre épingles, a abordé des dames de la ville qui venaient de porter des secours dans une église transformée en hospice, et qui leur a dit :

« — Comment, Mesdames, vous êtes entrées là dedans..... les pauvres diables sont bien sales. »

Et il portait un regard de complaisance sur son pantalon immaculé.

On lui tourna le dos.

Comment ces malheureux ne comprennent-ils pas que la seule parure honnête, la seule coquetterie permise, ç'aurait été d'être plus déguenillés que les

soldats pour faire voir qu'on aurait partagé leurs
souffrances. Je comprends à la rigueur un officier honteux de ses vêtements propres et intacts, les salissant,
les lacérant par respect humain.

On remarquait aussi beaucoup trop de fourgons
remplis par les coffres des officiers ; tandis que les
fourgons de vivres pour les soldats avaient été presque
toujours en retard, souvent de deux jours, quelquefois de trois jours, qu'ils avaient passé sans manger,
tandis que les voitures des ambulanciers ne man-
quaient d'aucunes provisions.

J'ai parcouru le plus grand nombre des asyles ouverts
à Neufchâtel et je n'y ai vu ni ambulanciers ni officiers
auprès des blessés et des malades. Ce spectacle a
tellement augmenté mon affliction que j'ai prié, en
partant, J. Mathey de surveiller et me désigner les
exceptions à cette déplorable conduite.

Je reçois aujourd'hui à Saint-Raphaël :

« ..... Au-dessus de tout éloge :

« M. Emile Pagès, lieutenant d'un régiment de
« marche. — Cet officier est resté avec ses camarades
« soldats à l'ambulance, sur la paille, refusant avec
« simplicité toutes les invitations en ville et dans les
« maisons particulières où l'on se serait disputé l'hon-
« neur de lui donner un logement.

« Le docteur F. Sédan, secrétaire du médecin en
« chef de la première armée de la Loire. — C'est le
« premier des chirurgiens français qui se soit offert
« pour les ambulances en ville.

« Tous les officiers du 92e de ligne accompagnaient
« leurs hommes et ont pris soin d'eux et de leur
« cantonnement.

« Au milieu des plaintes générales et malheureuse-

« ment méritées, sur le service des ambulances fran-
« çaises, qui accompagnaient l'armée à son entrée en
« Suisse, je suis heureux de pouvoir vous signaler
« l'ambulance de cavalerie du 18ᵉ corps d'armée, com-
« posée de MM. Sauceny, médecin major-chef, Reims,
« Cavaillon et Dufour, médecin adjoint, et de M. Re-
« buffat, pharmacien. Cette ambulance fonctionne à
« Fleurier depuis le 1ᵉʳ février, et n'a cessé de prodi-
« guer, jour et nuit, les soins les plus assidus à plus
« de mille blessés et malades français, répartis dans
« trois locaux différents.

« Aujourd'hui, il reste encore à Fleurier plus de
« cent-cinquante de ces malheureux, dont cinquante
« atteints de typhus, la plupart si gravement qu'il reste
« peu d'espoir de les sauver. »

A Lausanne, un bourgeois de la ville voit deux soldats français debout au coin d'une rue. Il les aborde
et leur offre de les emmener chez lui. Il n'avait pas fini
de parler qu'une femme de la classe ouvrière sort d'une
boutique où elle venait d'acheter quelque denrée et
s'écrie :

« — Fi, monsieur, çà n'est pas bien, ce que vous
faites là, d'essayer de me prendre *mes* Français! Comment! j'entre un instant dans une boutique, prendre
de quoi les régaler et pendant ce temps-là..... Faites
comme moi! Allez en attendre à la gare!... Allons mes
enfants, en route! »

Et elle emmène triomphalement *ses* français.

Lors de ce funeste quiproquo, qui empêcha le général Clinchant d'être averti que l'armée de l'Est n'était
pas comprise dans l'armistice, il devina si peu une
pareille faute qu'il annonça que tout soldat qui entrerait

en Suisse serait considéré comme déserteur et qu'il
pria le général Herzog de l'aider à empêcher cette dé-
sertion.

Les Prussiens continuaient donc leurs attaques, et,
au dernier moment, une centaine d'entre eux se firent
entourer et prendre par les Français qui, le lendemain,
lorsque la vérité fut connue et qu'il fallut passer la
frontière, ne lâchèrent pas leurs prisonniers et les
internèrent avec eux.

On a mis les Prussiens à part et si vous exceptez les
manières affectueuses et la sympathie, on les traite
bien.

Parmi eux se trouvaient quelques malades. Un fonc-
tionnaire suisse y conduisit un médecin de leur pays,
qui s'adressant au premier soldat qu'il trouva à l'entrée
de la salle et qui lui parut fiévreux, lui dit :

« — Montrez votre langue. »

Le soldat se dressa, réunit les deux talons, appliqua
la main droite sur la couture du pantalon, leva l'autre
sous la casquette et tira une large langue. Le médecin
l'examina et se remit à causer avec son introducteur
suisse, puis ils continuèrent la visite.

En sortant, le suisse qui me racontait la chose, fut
très-surpris de retrouver le prussien debout, dans la
même position, la main droite sur la couture du pantalon, la gauche à la hauteur de l'œil, sous la casquette
et sa large langue encore pendante. Mais ce qui le
surprit d'avantage, c'est que le chirurgien ne montra
aucun étonnement et fit un signe en abaissant la main :
Alors le soldat rentra sa langue et quitta la position
réglementaire.

J'arrive à la gare de Neufchâtel par les Verrières. Les
trains des voyageurs sont suspendus ; tout est occupé

pour le transport des troupes fédérales et des vivres et fourrages que l'on porte aux français. Heureusement, grâce au commandement Perrie, un des amis que m'a prêté J. Mathey, on m'accorde une place dans un wagon et nous voici en route. Seulement comme il faut à chaque instant prendre ou laisser quelque chose, nous mettons un peu plus de sept heures à faire un trajet qui, en temps ordinaire, est d'une heure et demie.

Le chemin de fer suit le fond de la vallée ; la route qui lui est à peu près parallèle est au flanc et presque à moitié de la montagne.

A partir de ma sortie de Neufchâtel, pendant huit jours, je ne vais plus voir que du blanc, — une neige, plus abondante et plus épaisse qu'on ne l'avait vue en Suisse depuis bien longtemps, couvre tout, la montagne et la plaine, et c'est cette fois que la comparaison avec un grand linceul est lugubrement juste.

Pendant que notre convoi marche à peu près du train d'un homme à pied, nous pouvons voir, dans ses détails, le défilé de l'armée française par la route d'en haut et en sens inverse de nous.

Le temps est sombre, le ciel est bas ; l'air, à une certaine distance, est blanc et presque aussi épais que la neige qui couvre le sol. Il semble qu'on chemine dans un souterrain de neige.

Sur la route, au flanc de la montagne, par un sentier étroit, s'avance d'un pas lent et morne, une longue file de silhouettes noires de soldats se découpant sur le fond de brume blanche et épaisse et sur le sol neigeux. On voit tous les détails, mais tout est uniformément noir. Les têtes sont baissées, les jambes se traînent avec peine. Puis des chevaux décharnés, le cou tendu, tirant quelques voitures dans lesquelles, sur un peu de

paille, sont étendus, non pas les malades et les blessés,
— il n'y en aurait pas assez, — mais les plus blessés et
les plus malades, et cette marche sur la neige ne fait
pas de bruit. — Il semble des ombres qui passent et
qui glissent.

À chaque cinquante pas, le cadavre d'un cheval sur
la neige ; une fois ou deux, des amas de branches de
sapin : on me dit que ce sont des soldats tombés morts
sur la route, ainsi ensevelis par leurs camarades.

Çà et là, des chevaux abandonnés : ils s'efforcent de
ronger l'écorce des arbres et les pallissades. Les maisons que l'on rencontre, de loin en loin, sont construites
avec les poutres apparentes ; ces poutres sont rongées
par la dent des chevaux. Quelques-uns essayent de
manger de la neige.

Nous arrivons aux Verrières suisses.

Séparées des Verrières suisses, par un ou deux kilo-
mètres, sont les Verrières françaises ; puis des Verrières
françaises, en deux heures, on arrive à Pontarlier.

Il s'agit donc de trouver une voiture et un cheval, ou
un cheval.

Mais tout d'abord, on m'explique que c'est impossible.

Eh bien ! un guide pour aller à pied.

Plus impossible encore. On se bat aux Verrières
françaises et sous les forts de Joux, défendus par 400
Français et que les Prussiens, sans souci de la vie de
leurs hommes, s'obstinent à attaquer. On entend la
canonnade jour et nuit.

« — Que faire ?...

« — Vous en retourner à Neufchâtel, mais il n'y
aura de train que demain et y trouverez-vous une
place ? »

« — N'y a-t-il pas moyen d'arriver à Pontarlier par une autre voie. »

« — Quelques gens du pays y sont allés... mais... à travers et par-dessus la montagne... c'est difficile, rude, fatiguant... et dans la partie française, vous pouvez faire de mauvaises rencontres. Il faut de plus un bon guide, car la neige est si épaisse qu'aucun chemin n'est plus marqué.

Il n'y a pas une seule place dans les deux auberges des Verrières où on puisse attendre le lendemain. Le commandant Perrie me mène chez M. Lambley où je trouve une cordiale hospitalité et qui a la bonté de se charger de me découvrir un guide excellent.

Nous partons au petit jour. Nous montons, nous gravissons, nous descendons pendant six heures. Comme on nous l'avait annoncé, quand nous ne sommes plus sur le territoire suisse, nous commençons à rencontrer quelques uhlans, quelquefois isolés, quelquefois deux ou trois ensemble. Ils ont des chevaux très-beaux et très-vites. Ils s'arrêtent un moment en nous voyant, nous laissent un peu approcher, puis, serrant les jambes, mettent leurs chevaux ou au galop ou à un trop excessivement allongé et nous croisent très-rapidement.

Il ne faut qu'une fantaisie pour qu'ils tirent sur nous. Il suffirait peut-être de présenter un joli coup de carabine ou de pistolet et d'être « beau à tirer. »

J'évite autant que possible cette situation ; quand je les vois de loin, je m'efforce de ne pas leur donner cette tentation, de ne pas être « beau à tirer ; » sans affectation, je place un arbre, un buisson, entre eux et moi.

Un, en passant rapidement, me crie :

« — *Ponchur !* »

Que je traduis par :

« — Bonjour ! »

Me voici aux portes de Pontarlier. Il faut marcher droit aux sentinelles, ne pas paraître hésiter, ni les éviter ; mais cependant ne pas leur donner la moindre pensée d'une attaque. Nous sommes sur un terrain où la vie d'un homme n'est comptée pour rien.

Je m'informe de la demeure du général prussien auquel il faut que je présente le sauf-conduit de M. de Rœder pour qu'il m'en donne un autre pour aller jusqu'à Byans.

Les rues de Pontarlier sont tellement remplies de soldats prussiens, qu'on n'avance qu'en louvoyant ; presque toutes les boutiques et les maisons sont fermées.

Je fais parvenir un mot, sur ma carte, au général. On m'introduit. La plupart de ces officiers prussiens ont l'air de bons-hommes en bois vernissés ; ils sont polis, mais leur politesse est raide, réglementaire, mécanique. Tous n'ont qu'un seul et même geste anguleux, — en bois, — pour ôter la casquette et la remettre.

Je montre mon laissez-passer :

« — Où voulez-vous aller ? »

« — A Byans. Mais je voudrais toucher à Besançon. »

« — Besançon est occupé par les Français. Nous ne pouvons vous autoriser à aller à Besançon après avoir traversé nos lignes. Voici un laissez-passer pour Byans. Vous voudrez bien prendre par. . . . . . . Quingey, Myon et ne pas vous écarter de cet itinéraire. »

Et un officier me montre du doigt, sur une vaste

carte établie sur une table, les points indiqués dont plusieurs ne figurent pas sur les cartes ordinaires.

Pour faire cette route, il me faut à la fois un moyen de transport et un guide, c'est-à-dire une voiture quelconque dont le conducteur connaisse le pays. Je regrette de ne pas me rappeler le nom de M. . . . . . . qui se chargea obligeamment de me trouver la voiture et le cocher, chose presque impossible et dont on ne me répondait pas, les Prussiens ayant pris presque toutes les voitures et à peu près tous les chevaux et ceux qui en ont encore les tenant cachés hors de la ville, de peur les voir enlever à chaque instant.

Il faut, le reste de la journée pour essayer de trouver un gîte. Je descends à un hôtel. Je demande à manger. Dans mon ignorance, j'ai encore l'audace de trouver, à part moi et sans rien dire, insuffisant et mauvais un repas qui devait être de beaucoup mon meilleur pendant la semaine qui allait s'écouler.

On m'amène un homme; c'est un commis-voyageur qui se fera voiturier par circonstance. Il commence par émettre beaucoup d'observations. Je lui persuade d'autant plus difficilement que mon sauf-conduit met à l'abri lui, son cheval et sa voiture, que je n'en suis pas très sûr moi-même et que lui ne veut pas être trop persuadé.

Enfin, il se décide. Nous partirons demain matin à six heures et demie. Toute la nuit, on entend le canon. C'est encore une tentative des Prussiens contre les forts de Joux. On m'affirme qu'ils ont fait tuer déjà plusieurs milliers de leurs soldats dans cette attaque opiniâtre et que deux fois ils ont dû demander aux forts une armistice pour enterrer leurs morts.

Sur la route, nous rencontrons à chaque instant des Ulhans éclairant le pays et des soldats menant des voitures attelées de chevaux, de mulets, de bœufs et allant en réquisition en dessinant des cercles plus ou moins étendus autour de leur résidence momentanée, c'est-à-dire ramassant les vivres pour les hommes, le foin et l'avoine pour les chevaux.

A Pontarlier, il a été impossible de trouver de l'avoine et d'en emporter un peu pour notre bête. Nous espérons en trouver en route. Cette illusion ne dure pas longtemps; quand nous en demandons, on nous regarde avec étonnement et on nous répond avec un cri :

« — De l'avoine ! Il y a quinze jours que nous n'en avons vu un grain ! »

C'est en râclant les greniers qu'on ramasse quelques poignées de foin.

D'après les renseignements que j'ai pris à Pontarlier, je sais qu'il y a des blessés, des malades et des prisonniers éparpillés dans tous les villages, dans tous les hameaux. Il serait trop cruel de passer sans le voir à côté de celui que je cherche. Aussi je fouille partout.

Le soir, nous couchons sur de la paille. Nous mangeons un peu de pain et de fromage et ce n'est quelque fois qu'après a voir parcouru un village en tous sens et avoir été repoussés de partout que nous trouvons un asyle et ce quasi repas.

Dans tel village, il ne reste pas une goutte de vin ; dans un autre, on nous demande si nous n'avions pas quelques morceaux de sucre pour un malade.

Les ambulances sont espacées, quelquefois hors des villages, dans des habitations assez isolées.

3

A chaque instant, sur la route, nous voyons sortir d'une maison, d'un bois, d'une haie, une longue perche, s'étendant sur le chemin et surmontée d'une petite botte de paille : c'est un signal des prussiens ; c'est pour s'avertir entre eux que la route est éclairée et libre.

De loin en loin, une sentinelle nous barre le chemin. Je lui tends mon sauf-conduit. Elle le regarde attentivement, quelquefois le tourne dans tous les sens, puis me le rend, et étendant le bras dans la direction que je dois suivre, me dit :

« — *For wertz !* »

« En avant. »

Une fois, quand la sentinelle me rend mon papier, après l'avoir examiné longtemps et m'avoir dit : *For wertz*, je m'aperçois que je me suis trompé, que ce que je lui ai présenté n'est pas mon sauf-conduit, mais un papier insignifiant et je me dis :

— J'aurais pu me dispenser d'aller à Berne et de tant m'occuper de saufs-conduits

En quoi je me trompais, comme nous le verrons plus tard.

Le soir, mon conducteur, pour que les Prussiens ne lui prissent pas sa voiture, en détachait une roue et la cachait. Quant au cheval, nous nous couchions avec lui, nous ne le perdions pas de vue.

Nous avions encore plus de peine à trouver à manger pour la pauvre bête que pour nous. La nourriture de l'homme est plus variée : faute de ceci, on mange cela. Mais le cheval ne mange que du foin et de l'avoine. Quand on nous en vendait un peu, c'était en cachette ct avec des précautions infinies.

Faute de foin ou d'avoine, je lui donnais du pain.

J'essayai de tremper le pain dans du vin, il en mangea d'abord, mais s'en dégoûta tout de suite et n'en voulut plus. D'ailleurs, ce n'est pas partout que j'aurais pu lui en donner. On ne pouvait penser à l'herbe ; la neige couvrait tout ; des troupes d'oiseaux affamés suivaient les chevaux, essayant de trouver, dans le maigre crottin qu'ils jettaient sur la route, quelque rare grain non digéré.

Après avoir fouillé..... Quingey, Myon, nous entrons enfin à Byans. Le cheval ne peut plus marcher. Un brave homme, un cultivateur appelé Cornu, nous rend tous les services qui dépendent de lui. Il trouve un moyen de loger le cheval et de lui donner clandestinement un peu de foin. Quant à l'avoine, les Prussiens ont tout enlevé ; il n'y faut pas penser.

Le brave Cornu m'indique, me conduit, me raconte. On leur a tout pris. Les Prussiens se sont emparé même des fours ; ce sont eux qui donnent aux habitants de Byans le pain qu'ils ont de trop et le rationnement.

C'est à Byans que celui que je cherche a été fait prisonnier et que j'espère le trouver. J'apprends que ce train, composé entièrement de malades et de blessés, dont quelques-uns amputés, avait été pris par suite de l'incurie, de l'étourderie qui présidait à tant d'opérations.

On avait négligé de le surmonter du drapeau blanc à croix rouge qui désigne les ambulances. De plus, partant de Besançon pour Lyon, on n'avait pas pensé à remplir les chaudières et à Byans, à huit lieues de Besançon, dans une localité occupée par les Prussiens, il avait fallu s'arrêter pour prendre de l'eau. Une vingtaine de francs-tireurs étaient venus envoyer de loin quelques coups de fusils aux Prussiens, qui voyant ce train arriver et s'arrêter, l'avaient fusillé et mitraillé. Ceux des malades et des blessés qui pouvaient marcher avaient essayé de s'enfuir, mais avaient été arrêtés par la cavalerie prussienne; il y avait eu des tués et des blessés.

Je commence mes fouilles. Je visite quelques maisons, puis on me dit qu'il y a encore des malades et des blessés dans un bâtiment appartenant au presbytère, à une petite distance de Byans. Il allait être midi. Je rencontrai le curé qui venait de les voir, et retournait dîner.

Je le questionne :

« — Hâtez-vous, dit-il, car il y en a un qui n'a plus que quelques instants à vivre, et si c'est celui que vous cherchez, vous n'avez que le temps d'arriver pour le voir vivant. »

Je cours, j'entre très ému. Je vois une grande salle avec de la paille par terre et une trentaine de malheureux étendus sur cette paille.

Je ne tarde pas à discerner le mourant. Ce n'est pas mon ami ; c'est un enfant, il n'a pas vingt ans.

J'essaye de lui parler ; il n'entend plus, il râle, et quelques instants après il meurt sous mes yeux. Un quart d'heure auparavant le curé lui avait annoncé qu'il allait mourir.

« — Je ne verrai donc plus ma mère, » avait-il dit.

« — Vous ne la verrez qu'au ciel. »

« — Qu'elle y aille donc bien vite, car elle sera sur la terre bien malheureuse sans moi ! »

Je fus d'abord offusqué que ce curé ne fut pas resté près de lui jusqu'à la fin et qu'il l'eût quitté pour rentrer dîner à son heure. Mais quelle horrible chose, que l'habitude : il en avait tant vu mourir depuis quinze jours.

Un des plus tristes aspects de l'extrême malheur c'est qu'il rend égoïste et insensible !

Il y avait là trente compagnons du moribond ; tous s'étaient écartés de lui, et les moins malades causaient entre eux, sans même regarder de son côté. J'avais fouillé partout sans trouver mon malade, j'apprends dans ce dernier asyle, — ce qui m'est ensuite confirmé au dehors, — qu'on n'a laissé à Byans que ceux qui étaient trop malades pour suivre, mais que les autres ont été emmenés à Dôle.

Il s'agit d'aller à Dôle.

Mon conducteur refuse. Je lui explique que je ne sais pas comment j'y irai, mais que je sais très bien que j'y vais aller et que s'il me quitte, il n'a plus de sauf-conduit pour lui, pour son cheval et pour sa voiture. Il se résigne ; mais le cheval, épuisé par la fatigue et la privation, est incapable de marcher. Nous cherchons dans toute la ville, avec le bon Cornu, pour trouver un autre cheval à louer, afin de laisser le nôtre se reposer jusqu'à notre retour.

Il n'en reste pas un !

Si au moins on avait de l'avoine, on redonnerait du cœur et des jambes à notre pauvre bête.

Quand j'avais eu décidé que j'allais à Dôle, j'avais été demander un laissez-passer au général prussien qui commandait à Byans — même bonhomme de bois vernissé, même roideur, même politesse mécanique.

Il m'avait signé mon laissez-passer ; mais quand il fut avéré qu'on ne pouvait se procurer un autre cheval, et que le nôtre ne marcherait que s'il avait de l'avoine, je me mis à chercher de l'avoine.

Il n'y a que les Prussiens qui en ont ; demandons-leur en un peu.

Nous allons donc demander de l'avoine aux Prussiens. Je retourne à la résidence du général, et j'écris sur une de mes cartes :

« Le laissez-passer que vous m'avez donné devient
« nul parce qu'il m'est impossible de nourrir le
« cheval qui me porte. On me dit que vous seul
« avez de l'avoine. Donnez l'ordre qu'on m'en cède un
« peu. »

J'envoie cette carte, et un officier me la rapporte quelques instants après, en me disant :

« — Nous manquons d'avoine nous-mêmes, et depuis hier nous avons envoyé à une assez grande distance, en réquisition, des voitures qui ne sont pas encore revenues. Demandez-en au Maire. »

« — Où est le Maire ? »

Cette question n'était pas aussi niaise qu'elle en a l'air au premier abord. On m'avait dit que les Prussiens l'avaient mis en prison.

Mais mon officier prend son air en bois et me répond sèchement et d'un ton vainqueur, accompagné d'un sourire d'une insolence indescriptible :

« — Cherchez-le ! »

J'eus en ce moment, au plus haut degré, une impression qui s'est renouvellée plus d'une fois pendant ce triste voyage : il me passa une effluve de haine dans les nerfs et dans les veines, et je sentis qu'une joie immense eut été, en sacrifiant la moitié de ce qui me reste à vivre et en risquant le tout, de me trouver seul avec cet homme, dans un endroit désert, avec chacun une épée ou un sabre, ou une fourche, ou seulement les mains.

Je plongeai mon regard dans le sien ; il détourna es yeux.

Je le quittai sans saluer et j'allai trouver le Maire qui était sorti de prison.

Il était dans sa maison, entouré de sa famille. Les Prussiens s'étaient emparés de cette maison et ne lui avaient laissé pour lui, sa femme et trois ou quatre enfants, qu'une seule pièce, parce qu'elle était incommode et qu'il fallait la traverser pour entrer dans les autres et en sortir, — ce qu'ils faisaient, eux, à toute heure du jour et de la nuit, sans se soucier que la femme ou les filles fussent couchées — de telle sorte que cette femme, d'un doux et charmant visage, d'une taille svelte et élégante, d'une ineffable grâce de bonté — enfin douée de tout ce qui devrait inspirer au premier abord un respect sympathique, — avait pris le parti de ne plus se déshabiller depuis trois semaines.

On avait bien voulu leur laisser un matelas et une paillasse. Les enfants couchaient sur des tas de paille, dans les angles.

Comme j'étais ému de colère, et que la voix sortait péniblement, je donnai au Maire ma carte, que les Prussiens m'avaient rendu, et sur laquelle était expliqué l'objet de ma demande — en ajoutant : « *Ils* m'ont dit que vous seul pouviez m'en donner. »

Le Maire parut troublé et me dit : — « C'est un piège, — ils m'ont demandé de l'avoine ce matin, et j'ai répondu qu'il n'y en avait plus dans le pays — en effet quelques-uns en ont un peu de cachée, mais c'est pour la semence — sans quoi la famine succèdera l'année prochaine aux fléaux de cette année. »

Et il me montra un exemplaire des réquisitions :

« — Le maire de Byans aura livré à midi précis — tant de kilos, etc., de — et de — ou l'argent. »

« — Cependant, me dit-il, d'un air franc et ouvert : —

je comprends votre situation et je vais vous en procurer un peu — que vous ne ferez manger à votre cheval que hors d'ici ; — dites à haute voix en sortant que je n'ai pu vous en donner, — demandez-en à une ou deux personnes, et allez atteler votre cheval. »

Peu de temps après, arrivèrent à l'écurie la femme du Maire elle-même avec deux autres femmes, apportant de petits sachets d'avoine cachés sous leurs jupons. Elles les glissèrent dans la voiture à laquelle le cheval s'était laissé atteler d'un air profondément découragé.

A ce moment, il se passa une petite scène que je vais raconter parce que c'est le premier acte d'un vaudeville dont le dernier aurait pu devenir une tragédie.

J'avais fait, sans y attacher d'importance, une remarque assez singulière dans mes rapports forcés avec les états-majors prussiens.

Je suis d'origine allemande, — mon père Henry Karr, célèbre musicien, que Balzac a cité dans les « *Parents pauvres* » était Bavarois — et moi-même je ne suis légalement Français que depuis 1848.— A ce titre, mes ouvrages inspirent en Allemagne une certaine sympathie et quelques-uns ont été traduits en allemand. J'avoue que je comptais un peu, en partant, sur cette notoriété pour le succès de mon voyage.

J'avais bien vu — lorsque j'abordais les états-majors, en exhibant mes laissez-passer que, à la lecture de mon nom, — il se manifestait, surtout de la part des jeunes officiers, une assez vive curiosité.

J'avais remarqué aussi que les généraux eux-mêmes — en lisant ce nom — levaient les yeux du papier et jetaient un regard sur moi avant de reprendre la lecture.

Mais là se bornait toujours la manifestation que je ne fusse pas pour eux un inconnu ; — la roideur prussienne qui fait partie de la discipline et du devoir s'opposait invinciblement à plus d'expansion ; — mais de jeunes officiers, logés chez le Maire, avaient aperçu ma carte et lui avaient exprimé le regret de ne pas m'avoir vu. Lui-même, qui avait autrefois été à Paris — et avait bien quelque renseignement sur moi, n'avait pas remarqué le nom et n'avait vu qu'un homme, très-embarrassé, à secourir. Il vint me trouver à l'écurie — et, avec une franche bonhomie, me fit les offres de service qui dépendraient de lui.

« — Je suis triste, ajouta-t-il — que ce soit en ce moment que vous veniez dans notre pays, quand je n'ai ni table ni maison à vous offrir cordialement. »

Derrière lui, — mais à une certaine distance, se tenaient les officiers, roides mais curieux ; auprès de lui un personnage un peu ridicule — *habillé*, — orné du chapeau tuyau de poêle soigneusement lissé, — visiblement préoccupé de manifester qu'il était un Monsieur.

Il poussa le Maire du coude, et celui-ci me le présenta :

« — M. le juge de paix. »

« — Monsieur, me dit le personnage, permettez-moi, de vous dire que je sens tout l'honneur que votre présence, etc., que je serais heureux de... etc.

« Que ma maison est la plus belle du pays — que j'ai l'honneur de loger un général prussien — et que ces messieurs, qui sont très-polis, m'invitent à leur table ; j'espère que vous ne me refuserez pas de... et de... jamais je n'oublierais, monsieur que... »

Il serait si ridicule de raconter cette petite scène si

elle n'était nécessaire à l'intelligence du dénoûment qui eut lieu quelques jours plus tard, que pour ne pas laisser une impression fâcheuse à mes lecteurs, je me hâte d'ajouter ce qu'il y avait de comique dans ce discours et que je n'ai su que plus tard.

C'est que M. le juge de paix ne me connaissait à aucun degré — n'avait jamais entendu parler de moi, n'avait jamais lu une ligne de moi — (et guère, je crois, d'aucun autre) et que mon nom, n'avait absolument, pour lui, aucune signification.

Seulement, il s'était trouvé chez le maire, lorsqu'un des prussiens voyant ma carte sur la cheminée, avait dit :

« — Tiens, Alphonse Karr ! il est ici ! »

« — Ma foi, dit le Maire. c'est, paraît-il, ce monsieur qui est venu me demander de l'avoine — je n'avais pas lu son nom — je le regrette. »

« — J'aurais voulu le voir, » avait dit un Prussien.

« — Je vais tâcher de le retrouver, » avait ajouté le Maire.

« — Qu'est-ce..... » avait dit le juge de paix ?

« — C'est Alphonse Karr qui est ici. »

« — Eh bien ? »

« — Vous ne connaissez pas Alphonse Karr ? »

« — Qui — moi ? Alphonse Karr ? Je ne connais que ça. Ah ! il est ici ! Ah ! sacrebleu ! — que je suis donc fâché... J'aurais voulu... Comment ce sacré Alphonse Karr est ici ? Ah je suis tout à fait contrarié de ne pas l'avoir su. »

Le maire avait mis sa casquette et il était venu me serrer la main à l'écurie.

M. le juge de paix, qui se considérait comme le premier du pays, qui avait la plus belle maison, — qui avait l'honneur de loger un général prussien et l'honneur plus grand de manger avec lui, — avait voulu prendre et conserver son rang dans la petite manifestation.

« — Ah ! monsieur, ajouta-t-il,—je ne souffrirai pas que vous ayez passé par Byans sans vous être reposé et rafraîchi chez moi. »

Je m'excusai froidement.

« — Au moins, ajouta-t-il, si vous repassez par ici — vous me promettez..... »

Je m'inclinai, serrai la main au maire et grimpai dans mon véhicule.

Le cheval, qui ne savait pas qu'il portait de l'avoine, qu'il ne tarderait pas à manger, marchait d'un pas beaucoup plus lent et plus triste que les chevaux d'Hippolyte.

Et moi — je repassais ce que je venais de voir, — chez le bon Cornu, par exemple : les prussiens ne voulaient pas coucher ailleurs que dans la chambre où couchait le maître de la maison, en même temps que sa femme, deux belles filles de dix-huit à vingt ans et trois ou quatre petits enfants.

Est-ce par crainte de quelque piège, — est-ce par ce que, dans cette pièce est le poêle, sur lequel on fait la cuisine. Ce poêle, ils le bourrent de bois à le faire rougir et le tiennent, dans cet état, toute la nuit. — Ils ne veulent pas d'obscurité et laissent brûler des chandelles allumées ; — de plus, ils fument sans s'arrêter, s'endorment la pipe à la bouche et mettent souvent le feu à la paille sur laquelle ils couchent ; il est vrai qu'il fait dehors de 12 à 14 degrés de froid. Dans la chambre de Cornu, était étendu, autour du lit de la famille un lit général de paille où dormaient, fumaient, parlaient, juraient quatorze soldats.

Quelques jours auparavant, ils étaient dix-huit ; on comprend l'air méphitique qui remplit une pareille chambre, aussi un grand nombre de petits enfants meurent tous les jours. Une chose étrange — et à laquelle il doit y avoir nécessairement des exceptions — est celle-ci :

J'ai questionné dans les villes, dans les villages, dans les hameaux que j'ai fouillés, — partout on m'a fait la même réponse : ils n'insultent pas les femmes, — ils ne s'en occupent même pas. A peu près tous sont mariés chez eux ; l'organisation militaire, chez nous, condamne une partie de notre jeunesse au célibat, celle des Allemands ne les empêche pas de se marier très-jeunes.

Les pauvres gens qui logent les soldats doivent aussi en nourrir un certain nombre; — quand ils ont tout épuisé, les soldats leur apportent leur part du produit des réquisitions. — J'ai vu plus d'une fois le triste et écœurant tableau que voici : huit ou dix prussiens sont assis autour de la table; — les maîtres de la maison, qui ont fait cuire leur dîner, — après avoir usé toutes leurs ressources pour se procurer ce dîner, — le leur servent à table; dans les coins, les petits enfants pleurent parce qu'ils n'ont pas mangé, et, — ce qui est peut-être le plus navrant de tout, parce que cela peint une prostration profonde, — leurs parents, en donnant aux prussiens la nourriture de leurs enfants accommodée par eux-mêmes, les servent avec un sourire humble, contraint, suppliant, pour se les rendre favorables.

Il y a cependant des instants de révolte. — Quelques jours avant mon arrivée à Byans, Cornu ayant tout donné et se voyant demander avec menace ce qu'il ne pouvait plus fournir, tomba sur une chaise, attira à lui sa femme, ses grandes filles, ses petits enfants — les uns sur ses genoux, les autres dans ses bras et entre ses jambes, — et s'écria :

« — Allez vous faire... ! Fusillez-nous tous dans les bras les uns des autres et que ce soit fini de vous voir. »

Le lendemain, les Prussiens commencèrent à apporter de la viande et du pain que des fourgons, toujours en mouvement, vont enlever dans un cercle qui s'élargit toujours, jusqu'à ce que — le pays étant épuisé comme par les sauterelles, — ils exigent une contribution en argent, et vont ailleurs.

Nous arrivons à Dôle.

La ville est pleine ; elle renferme trois fois plus d'habitants que les maisons n'en peuvent contenir en temps ordinaire. Quand les Prussiens arrivent quelque part ils sont précédés par un corps d'Intendance, dont les membres entrent dans toutes les maisons, ouvrent, font ouvrir ou enfoncent toutes les portes, et, après un coup-d'œil jeté sur les chambres, les salles, les greniers, les écuries, écrivent sur la porte avec de la craie, 6 hommes, 20 hommes — 10, 20, 30 chevaux. Dans ce compte, ils ne font entrer ni les personnes qui habitent les chambres, ni les chevaux placés dans les écuries — les personnes doivent chercher asyle ailleurs ; les chevaux, les bœufs, les vaches sont mis dans la rue, à moins, — ce qui arrive le plus souvent, — qu'ils ne s'en emparent.

Il est un mot français que l'on entend souvent partout où il y a des soldats prussiens — ce mot est le seul que sachent la plupart d'entre eux — c'est le mot « tout de suite » qu'ils prononcent *dutte suite*. Ils ne demandent pas une seule chose sans ajouter *dutte suite*, d'un air menaçant.

J'avais pris un guide à Dôle pour fouiller les dix ou douze asyles consacrés aux blessés et aux malades prisonniers. Je m'arrête un moment dans une boutique et je ne retrouve plus mon guide. — Un voisin me dit :

« — Attendez-le, il va revenir ! »

En effet, il revient au bout d'un quart d'heure.

Un officier prussien lui avait demandé un renseignement sur une adresse, l'autre avait répondu de son mieux, mais le prussien l'empoignant par le haut du bras, avait dit : « Dutte suite » et s'était fait conduire pour plus de sûreté.

Le soir arrivé, je n'avais encore visité, et sans résultats, qu'une partie des hospices et des ambulances. — Quelles misères ! quelles souffrances — beaucoup de pieds gelés — beaucoup de fiévreux hâves, pâles, grelottant.

Je cherchai en vain un asyle pour mon conducteur, pour son cheval — et pour moi — le conducteur passa la nuit assis dans une salle d'auberge infecte. Je dus la passer dehors avec le cheval, dans la neige, en m'abritant du vent derrière une maison.

Au point du jour, qui est long à venir en février, par 12 ou 14 degrés de froid dans la rue, — je recommençai mes recherches. — J'avais dîné la veille avec du pain et du fromage, — il m'en restait un peu pour mon déjeuner. — Le conducteur avait trouvé quelques poignées de foin pour son cheval ; — ça allait donc assez bien sous ce rapport. J'avais vu plusieurs hospices, il me restait à voir cinq ou six asyles divers et le théâtre, — triste, lugubre, ironique, navrant, jeu du sort, — j'arrive sur la scène : le théâtre

représente un jardin fleuri — une maison de campagne
élégante.

Par terre, de la paille — et des blessés et des malades étendus. J'interroge tous les tas de paille ; —
mon homme n'y est pas. — On me dit que là ne sont
pas les plus malades, qu'ils sont au foyer des ac-
teurs. J'arrive dans cet endroit ordinairement plein
de rires ; là il y a des lits, c'est la dernière chambre
à visiter, — c'est mon dernier espoir ! Il n'y est pas.

Je questionne — un amputé me répond — il ne
connaît pas par son nom celui que je cherche, mais
il faisait lui-même partie du convoi de blessés et de
malades mitraillés ; — on avait d'abord amené tout le
monde à Dôle, mais tous ceux qui pouvaient continuer, et surtout les officiers avaient été emmenés
à Metz, à Metz que les prussiens considèrent déjà
comme ville allemande. Cette déclaration est con-
firmée par les sœurs qui soignent les blessés et par
l'infirmier — puis par un médecin qui les a vu partir.

Je ne puis aller d'ici à Metz, — mon pénible, mon
triste voyage est inutile.

Que vais-je dire à ces deux femmes, à la mère et
à la fiancée qui attendent mon retour avec une si
terrible anxiété?

Ah ! je leur raconterai ce que j'ai vu : — les morts,
les mourants, les mutilés, les blessés — les cada-
vres sous la neige — et je leur dirai de remercier
Dieu qu'il ne soit que prisonnier et malade, et de
penser avec joie que les prussiens l'ont jugé moins
malade que tant d'autres et capable de supporter une
cruauté de plus.

C'est là, que de cet amputé et d'un autre qui a
les pieds gelés, j'apprends les horribles dangers aux-

quels il a échappé, — je les recueille pour leur faire bénir leur malheur.

Je cours encore la ville pour multiplier les informations : tout le monde est d'accord — tous les officiers ont été emmenés à Metz. — Allons il faut retourner. J'ai le temps en route de chercher et d'imaginer des consolations, des motifs d'espérer. — Metz est une grande ville, très française quoique occupée par les prussiens ; — plus française encore que de coutume, à cause de cela. — Un officier français prisonnier et malade y sera aidé, soigné.....

Il s'agit de refaire la même route — car mes saufs-conduits ne me permettent pas d'en tenter une autre — il s'agit de ne pas passer inutilement une nuit de plus dans Dôle. Mais revoir tout ce que j'ai déjà vu — sans être entraîné par une espérance qui m'isolât un peu du désespérant spectacle que j'avais sous les yeux ! — Je prévois que le retour sera encore plus triste que le voyage — et puis je suis découragé, attristé, humilié de mon impuissance.

Je regrette parfois de ne pas fumer, car cela paraît engourdir et distraire mon conducteur; — cependant, quoique j'ai assez souvent fumé autrefois, — et que cela n'ait pour moi d'autre inconvénient que de me déplaire — je voudrais fumer et ne puis me décider à allumer une pipe ou un cigare. Nous rentrons à Byans — il fait presque nuit — notre ami Cornu casera le cheval dans un coin; — mon conducteur se tiendra à fumer dans la chambre où les prussiens et la famille de Cornu sont entassés; — moi j'aimerais mieux passer encore la nuit dans la rue. — Du reste, je compte ne rester que quelques heures et repartir à quatre heures du matin. Il tombe de la neige et il vente.

« — Mais, me dit Cornu, que n'allez-vous coucher chez le juge de paix; — après votre départ il n'a pas tari sur son chagrin de n'avoir pas l'honneur de vous recevoir. — Il demeure juste en face de l'écurie. — Vous serez tout posté pour vous mettre en route avant le jour. »

« — J'aurais mieux aimé aller chez le maire.

« — Il n'a pas tant de place et il a beaucoup d'enfants. Le juge de paix n'en a pas et demeure dans un château. Il sera enchanté — je vais vous annoncer. »

Je me mets à la suite du bon Cornu. Je trouve mon homme moins ardent que l'avant-veille; — je lui explique que je ne demande et n'accepterai qu'un fauteuil pour y passer la nuit dans mon manteau.

Cornu me voyant casé retourne chez lui; — je lui rappelle que je pars à 4 heures.

Le juge de paix m'introduit dans une chambre où il y a un poêle et une sorte de bureau.

« — Ne vous donnez aucun souci de moi, lui dis-je. Un fauteuil dans une chambre fermée me sera un asyle très-heureux en comparaison de ma dernière nuit. »

« — C'est que..... je ne puis vous offrir à souper; je n'ai plus les mêmes officiers. Celui que j'ai n'est pas je crois général, mais un grade approchant. — Les autres m'invitaient à dîner ; ceux-ci, ne me font pas cette politesse....

« — Ça se trouve bien; je n'ai pas faim, ne vous dérangez pas pour moi; je n'ai besoin que de dormir un peu et je pars à quatre heures. »

Il sort. — Je m'enveloppe dans mon manteau; — je tâche de cesser de penser pour dormir. — Il y a bien un poêle, mais il est presque éteint et je ne trouve dans la

4

chambre que quatre petits morceaux de bois; — c'est assez pour me réchauffer les pieds avant de m'endormir.

Les pensées commencent à devenir vagues — la torpeur envahit mes membres. — Je m'endors.

Je venais à peine de m'endormir, lorsqu'on entre dans ma chambre — c'est mon . . . hôte!

Il est pâle, sa voix est tremblante.

« — Monsieur, me dit-il, je suis bien fâché, — mais vous ne pouvez rester ici, — *ces messieurs* ne veulent pas que vous restiez. Il faut vous en aller . . . tout de suite. »

Je le regarde, je hausse les épaules; — je m'en vais; — je retourne chez Cornu voir si je ne pourrais pas me faire une petite place auprès du cheval, car il neige assez fort, — et cependant j'aime encore mieux rester dans la rue, que de passer la nuit dans la salle avec les Prussiens.

On n'est pas couché chez Cornu; — on ne se couche plus depuis trois semaines, dans tout le pays, que quand la fatigue fait tomber. J'ai oublié un livre chez mon hôte; je prie une des filles de Cornu de l'aller chercher

Mais bientôt elle revient épouvantée, pleurant :

« Monsieur, Monsieur, cachez-vous, sauvez-vous; on dit que vous êtes un espion et que vous avez volé les papiers du juge de paix. — Les Prussiens viennent vous chercher, — sauvez-vous, cachez-vous, — Ah! mon Dieu! »

En trois bonds, j'avais traversé la rue, et je rentrais dans la maison dont sortaient les quatre ou cinq soldats armés, qui, sans doute, allaient me chercher. — Nous nous croisons; je ne sais s'ils me voyent, — mais, en tout cas, ça ne les arrêterait pas, ils ont sans doute l'ordre d'aller me prendre à l'écurie de Cornu ; ils ne me prendront pas ailleurs. — La consigne !

Je trouve agitée la maison des Prussiens que je venais de laisser silencieuse ; — dans l'antichambre sont quelques soldats et un officier ; je dis à l'officier :

« — Parlez-vous français ? »

« — Oui. »

« — J'apprends qu'on envoye me chercher et j'arrive ; qui a osé dire que j'ai volé des papiers ? »

« — Entrez, » me dit-il, en me désignant une autre chambre, un salon dont il ouvre la porte, — et en même temps je vois un officier supérieur assis à une table, deux jeunes officiers debout à ses côtés, et un peu plus loin le juge de paix ; — j'entends, à ce bruit particulier que font les capucines d'un fusil, que l'on met des sentinelles à la porte ; — j'avoue qu'il me passa un souffle froid dans les cheveux, et je me dis :

« — Pourvu que ces gens-là entendent suffisamment le français, et aussi qu'ils n'aient pas trop bien dîné. »

Cependant l'indignation l'emporte et je répète :

« — On dit que l'on m'envoye chercher, j'arrive de moi-même pour savoir qui a osé dire que j'ai volé des papiers. »

Les trois Prussiens se tournent vers le juge de paix, — moi j'avance d'un pas lent, et je lui dis :

« — Est-ce vous, monsieur ? »

Il ne me répond pas et ne me regarde pas, mais, se tournant vers les Prussiens, il leur dit :

« — Je n'ai pas dit tout-à-fait que cet homme avait volé mes papiers ; — mais je ne le connais pas, — je ne le connais pas du tout ; — il s'est introduit chez moi, dans mon cabinet, — la nuit, — et j'ai dit que j'avais peur pour mes papiers. »

Les Prussiens se tournèrent de mon côté.

« — Je ne me suis pas introduit chez lui; — je passais avant-hier par Byans, il est venu m'accabler d'offres d'hospitalité, et aujourd'hui, traversant de nouveau la ville et n'y trouvant pas de logement, j'ai cru pouvoir lui demander de passer la nuit sur un fauteuil. »

Et lui, toujours sans me regarder, — mais adressant aux Prussiens des regards humbles et suppliants :

« — Je vous assure, messieurs, que je ne connais pas cet homme ; je ne le connais pas du tout. »

« — Il serait facile, dis-je à mes juges — car je vis bien que j'étais devant des juges et des juges pré-venus — de faire venir le Maire et un homme qui demeure en face et qui attesteront avec quelle impor-tunité ce monsieur est venu m'inviter à entrer chez lui. »

« — Au fond, me dit le chef, en très-bon français, les affaires du juge de paix ne nous intéressent pas ; — mais ce qui nous importe, c'est de savoir ce que vous venez faire ici la nuit ? »

« — Dormir. »

« — Avez-vous des papiers ? »

« — Voici un laissez-passer que m'a donné avant-hier le général qui commande ici, pour aller à Dôle et revenir. »

« — Il n'y est plus, je le remplace. »

« — En voici un autre du général qui commande à Pontarlier pour venir à Byans et rentrer à Pontarlier. »

Et, comme je leur donnais ces papiers à mesure que je les tirais de mon portefeuille — je vis ma situation se dessiner très-nettement. L'officier supé-rieur était indécis mais prévenu contre moi ; un des jeunes officiers, qui s'était assis et prenait des notes, m'était tout à fait hostile ; — le troisième, au contraire, m'était favorable ; il était resté debout, avait fait un pas de mon côté, prenait les papiers et indiquait du doigt certains passages des saufs-conduits. — Ces indications semblant désagréables à son compagnon, j'en conclus qu'elles étaient bonnes pour moi, je continuai :

« — En voici un de votre ministre à Berne, M. de Rœder. »

Et je me tus — et eux lisaient, relisaient, discutaient en allemand. Ils étaient toujours deux contre moi ; le chef cependant un peu hésitant.

Et moi, je subissais un phénomène étrange ; on ne croirait jamais la multitude de pensées diverses qui se présentent à la fois à l'esprit dans ces moments d'anxiété, et je me dis :

« — Si ces gens allaient me fusiller... et ma pauvre fille que deviendrait-elle ? »

Mais je pensai :

« — Son fiancé n'est que prisonnier ; à la paix, qui est inévitable et prochaine, ils se marieront. — On peut se passer de moi. »

Je pensai encore à quelques personnes amies, — je ne veux pas dire qui — à cause des autres, — mais elles savent, bien que j'ai pensé à elles.

« — On m'attendra bien longtemps, — peut-être toujours — sans savoir ce que je suis devenu — Cependant je trouverai, sans doute, moyen d'écrire un mot que je laisserai à Cornu. »

Et je vis que tout pouvait aller sans moi — et je me sentis ferme et prêt à tout.

Alors, je me rappelai la carte que M. de Rœder, le ministre prussien, m'avait donnée à Berne.

« — Voici encore une carte, » dis-je.

L'officier la prit et la fit regarder aux deux autres;
ils parlèrent encore quelque temps — puis le chef
reprit en français :

« — Mais pourquoi venez-vous ici la nuit? »

C'était une idée fixe.

Je répétai ce que j'avais déjà dit — et il se tourna du
côté du juge de paix qui répondit :

« — Je voyais tout le monde lui faire fête, j'ai fait
comme les autres, je voulais lui offrir des rafraîchis-
sements — mais je ne pensais pas qu'il viendrait s'intro-
duire nuitamment dans la maison où j'ai l'honneur de
vous recevoir — je ne le connais pas. »

« — Moi, je vous connais, lui dis-je, vous êtes un
lâche et un misérable. »

Les trois prussiens se tournèrent de son côté, haus-
sèrent les épaules et parurent de mon avis sur ce point,
— ma cause était gagnée.

« — Monsieur, me dit le chef — vos papiers sont en
règle, vous pouvez vous retirer — mais il est singulier
que vous vous soyez introduit ici. Où allez-vous passer
la nuit? »

« — Dans la rue probablement, j'y serai mieux que
sous le toit de ce coquin, et, d'ailleurs, la nuit ne sera
pas longue, je pars à quatre heures pour Myon et Pontarlier.

« — Allez chez le Maire, il vous procurera un logement. »

Mon protecteur sortit, fit éloigner les factionnai-
res et commanda d'un signe aux autres de me laisser
passer.

Je confesse qu'il me fut agréable de me retrouver
libre sous la neige — et que je humai avec plaisir la

première bouffée d'air de la rue. Je trouvai huit ou dix personnes devant la maison de Cornu avec lui et sa famille — et mon conducteur qui tenait la parole disait, à ce qu'il me sembla avec l'approbation générale :

« — Si c'est un espion prussien, il n'a rien à craindre; si c'est un espion français on va le fusiller, mais le juge de paix a eu tort de le dénoncer. »

« — Oh ! disait un autre, c'est que le juge de paix a des cachettes et qu'il veut se rendre les Prussiens favorables. »

Mon premier mouvement, une fois libre, était d'atteler le cheval et de quitter Byans, — mais je réfléchis que ce départ précipité et contraire à ce que j'avais annoncé pourrait, ressembler à une fuite — que les Prussiens sans doute me surveillaient et pourraient se raviser — et qu'il fallait suivre leur conseil et aller chez le maire où Cornu me conduisit. Je recommandai au conducteur d'être prêt à 4 heures.

Le maire, sa femme et leurs enfants étaient couchés. — Je m'excusai.

« — Nous ne dormions pas, » me dit le maire.

« — Nous en avons perdu l'habitude, » ajouta la femme.

« — Un logement ? dit le maire. La nuit serait finie avant que nous en trouvions un, mais vous allez dormir sur notre lit. »

Et tous deux se levèrent. Ils ne s'étaient pas déshabillés : il me fût impossible de les décider à se recoucher.

Je refusai de prendre leur lit. Nous nous assîmes tous trois autour du poêle qu'on ranima. La femme fit du vin chaud. Deux ou trois fois des prussiens qui rentraient au milieu de la nuit, traversèrent leur chambre.

Je leur racontai ce qui m'était arrivé. J'étais épuisé de fatigue ; je finis par consentir à m'étendre sur leur lit où je dormis deux heures.

Cornu vint me chercher à 4 heures. Il nous trouva de nouveau tous les trois autour du poêle. Ils me forcèrent d'emporter du pain, une bouteillle de vin, du sucre ; enfin, ce qui leur manquait le plus ; et tout cela avec tant de simplicité, une si douce sympathie, que je voulus savoir le nom du Maire et de son aimable femme — pour le garder dans mon cœur et le dire à mes amis.

Ils s'appellent Briet.

Quant au juge de paix, que leur générosité m'avait fait oublier un moment, il s'appelle Landoz.

Pendant ce temps mon jeune officier s'échappait heureusement et hardiment des mains des prussiens et rentrait à Lyon.

Sorti de Byans, je repassai par Myon, Quingey, etc. là, j'appris que les Prussiens se retiraient. — Les pays étaient rasés, épuisés, ils n'y pouvaient plus vivre, — d'ailleurs, ils prenaient leurs positions pour le cas où la guerre continuerait, et ils massaient des forces le plus près possible de Lyon pour tomber, disaient-ils hautement, cinq minutes après l'expiration de l'armistice sur Lyon d'abord, puis sur Marseille, etc.

Ils avaient également quitté Pontarlier, après avoir tant bien que mal enterré leurs morts sous le fort de Joux, où 460 hommes leur en ont tué, assure-t-on, plusieurs milliers.

Je pus aller directement de Pontarlier aux Verrières suisses, en traineau sur la neige et des Verrières, je

revins à Neufchâtel, puis à Lausanne, à Genève et à
Lyon.

Sur ma route, je lisais les journaux pour savoir ce
qui s'était passé pendant mon absence, et, en le joignant
à mes notes personnelles, me rendre un compte exact
et sincère de la situation.

M. Gambetta, pour prolonger son règne, s'était mis
en insurrection ouverte contre le gouvernement dont
il n'était que le délégué ; — il demandait la reprise
et la continuation de la guerre à outrance — sans
donner aucune raison, ni aucun moyen à l'appui. —
Seulement il saisissait ou faisait naître les occasions
de monter sur quelque chose — en ayant soin de mettre en lumière son meilleur profil — et il enfilait et
défilait des phrases.

La partie du pays que je venais de parcourir était
dans un accablement, une prostration, une misère dont
il n'y avait même pas moyen de faire un désespoir.

J'avais vu une des trois armées que M. Gambetta se
vantait si fort d'avoir créées ; — non-seulement ce
n'était plus, mais çà n'avait jamais été une armée.

On ne fait pas une armée sans chefs, sans vêtements,
sans armes, sans vivres, sans munitions ; — on ne fait
pas une armée avec des jeunes gens arrachés quelques
jours auparavant à la vie douce, réglée, abondante, de
la famille, pour les jeter sans transition dans des
fatigues, dans des privations, dans des misères que les
plus vieux soldats auraient peine à supporter ; on ne
fait pas une armée quand on place les généraux dans
l'alternative ou de suivre les fantaisies d'un avocat ou
de se faire destituer par lui et accuser publiquement

de trahison et d'ineptie ; on ne fait pas une armée avec un certain nombre d'hommes, braves, résolus, dévoués, héroïques — mais sans cohésion, sans discipline.

On est frappé surtout de cette triste vérité quand on vient de voir le contraste des Prussiens bien vêtus, bien nourris, bien portants, bien armés, bien commandés.

Et, en admettant l'existence des trois armées *créées* par M. Gambetta, — en admettant surtout ce que, selon lui et ses janissaires, il y avait de « grand, de sublime, d'héroïque, de surhumain, » à avoir créé ces armées, — il faut reconnaître que ces trois armées, — alors que la plus forte et la meilleure partie des corps prussiens était tenue en échec devant Paris — ces trois armées n'ont pu que résister avec peine à une fraction des armées ennemies et n'ont pas pu même traverser de petits corps d'armée prussiens pour aller au secours de Paris.

M. Gambetta, — qui a fait quelque chose de si beau en *créant* ces trois armées, — ne niera pas qu'un pareil effort ne soit encore plus difficile aujourd'hui.

Et toute l'armée ennemie occupée devant Paris a repris sa liberté d'action — tandis que nous avons de moins l'armée réfugiée en Suisse.

Les généraux destitués, insultés, menacés, ou donnent leur démission ou perdent la tête.

Les soldats ne veulent plus se battre.

Les mobilisés, en voyant que les bureaux du gouvernement, les préfectures et les sous-préfectures servent d'asyle aux fils, aux frères, cousins, amis, etc., des nouveaux fonctionnaires, asyle qui leur permet de ne pas aller à la guerre et de toucher des appointements, refusent de partir.

On crée à grands frais des camps qui n'ont pour résultat que de donner des places et des appointements à tels ou tels — d'autre part, M. Gambetta devenu fou, comme le Mazaniello de l'opéra, — prend des attitudes impériales qu'imitent plusieurs de ses préfets — ou mieux des préfets de M. Laurier.

On perfectionne les candidatures officielles si justement reprochées à l'Empire — les préfets ne font plus nommer des candidats « agréables » ils se nomment eux-mêmes.

Je rencontre en Suisse des agents qui vont pour le gouvernement français acheter et faire sortir en fraude des fusils..... à percussion.

Personne ne s'occupe de chercher, ni de dire, avec quoi, avec qui, comment on pourra continuer la guerre.

On fait de grosses phrases creuses et par cela même retentissantes.

On a rempli presque toutes les préfectures et les sous-préfectures de gens qui n'ont aucune chance d'occuper des places, de toucher des appointements, d'être en un mot, quelque chose, dans les temps honnêtes et heureux — alors ces gens trouvent que tout va bien, que la situation est excellente — qu'il la faut prolonger le plus possible — et ils crient pour la guerre à outrance. — Demandez-leur l'état de nos troupes — leur nombre — leur situation physique et morale ! — Ils n'en savent rien, ils n'en veulent rien savoir.

Beaucoup d'ailleurs ne crient si fort, que parce qu'ils savent bien qu'ils ne représentent qu'une infime

minorité ! — Combien d'entr'eux reculeraient si leur
vote avait quelque chance de faire repousser la paix ; —
ils veulent que l'on fasse la paix — mais qu'on la fasse
malgré eux

On voit alors les plus couards, les uns sortir des
caves — et les autres ne pas sortir des places où ils se
sont abrités des balles prussiennes — pour hurler
qu'eux n'auraient pas fait la paix — Je fus si indigné
de cette *pose*, en traversant Lyon, que j'adressai à un
journal la petite lettre que voici :

« Mes chers confrères,

« En passant par Lyon, un peu de place, s'il vous
plaît ?

« Assez de phrases.

« La France n'a plus le moyen d'en écouter, ni le
temps d'en entendre.

« Je viens de passer huit jours dans les pays occupés
par les Prussiens. — J'ai vu entrer en Suisse l'armée de
Bourbaki.

« J'ai vu. — Je sais.

« J'ai bien des vérités à dire ; elles seront dites dans
quelques jours.

« Mais dès aujourd'hui j'en veux dire deux :

« Je demande que l'Assemblée de Bordeaux appelle
dans son sein, — fût-ce à titre de renseignements, —
quelqu'un qui ait vu nos prisonniers, nos blessés, nos
malades, nos mourants ; — ils ont, je crois, le droit
d'être représentés.

« Je demande qu'un registre soit placé sur le bureau
du président de l'Assemblée, et que tout député qui

parlera ou votera pour la continuation de la guerre commence par inscrire son nom sur ce registre : ce sera le registre matricule d'un régiment d'avant-garde qui aura l'honneur de marcher le premier à l'ennemi.

« A. K. »

...... En traversant Marseille, je vis une grande foule devant l'hôtel de Noailles ; je demandai la cause de ce rassemblement et j'appris que cette foule était là dans l'espoir de voir notre Garibaldi, ce vrai héros, ce vrai républicain qui gêne tant les autres. Cette rencontre était une bonne fortune que je ne voulais pas manquer. Je lui envoyai mon nom et il me fit chercher.

Je commence par constater que, contrairement à ce que disent la plupart des journaux, il se porte très-bien, et a pu monter à cheval tous les jours, pendant de longues heures ; néanmoins ces béquilles auprès de lui, — ce remords, cette honte pour l'Italie, — affligeaient mes regards.

Nous nous embrassâmes ; — l'aspect de ce visage noble, doux et triste reconfortait mon esprit et mon cœur, comme venait de le faire mon court séjour en Suisse.

« — Que la France, me dit Garibaldi, tâche de sauver la République, et tout pourra se réparer. »

Puis il ajouta :

« — D'où venez-vous ? où allez-vous ? »

Je lui racontai en peu de mots ma triste odyssée, et je finis par :

« — Je retourne à Saint-Raphaël. »

« — Et moi, me dit-il, de sa voix vibrante et sympathique : moi, je retourne à Caprera. »

Il y a eu à l'Assemblée nationale — lorsqu'on a eu voté une triste paix, qui seule pouvait arrêter une épouvantable et impossible guerre, — une grande et magnifique scène: c'est lorsque les députés de l'Alsace et de la Lorraine, qui cessaient momentanément d'être françaises, se sont noblement et presque silencieusement retirés. — Hélas! il ne s'est pas trouvé là une de ces voix éloquentes pour traduire les sentiments de la France et répondre à ce triste adieu, par des paroles de consolation et d'espérance. — C'est que ce n'est pas seulement de la faconde qu'il fallait — c'était du cœur.

Certes Hugo avec sa plume puissante, aurait pu et su dire de magnifiques choses sur ce sujet; malheureusement Hugo n'improvise pas.

Ah! mon grand, mon noble Lamartine, ton âme a-t-elle pu assister à cette scène si tragique? — Elle a du désirer de revenir un moment sur cette terre, dût-elle y retrouver les mêmes amertunes et la même ingratitude.

Cent-sept membres, M. Gambetta en tête, ont voté pour la continuation de la guerre.

Un bien petit nombre de ces cent-sept membres avaient pris part personnellement à la lutte précédente, — les autres probablement avaient réservé toute leur bravoure, tout leur dévouement pour cette seconde phase, pour la revanche. Il en est de même de M. le général Chanzy — celui que M. Gambetta appelait l'indomptable Chanzy.

Je veux croire — et je croirai jusqu'à preuve du contraire — qu'il a fait avec son armée tout ce qu'il était humainement possible de faire avec les forces dont il disposait, qu'il a montré toute la valeur personnelle et toute la science militaire imaginables.

Mais on ne peut contester cependant qu'à une époque où la plus grande et la meilleure partie des armées prussiennes étaient tenues en échec par Paris, — où une autre partie était occupée par M. Faidherbe et par M Bourbaki, il n'a pas réussi à repousser, à traverser la fraction qui lui était opposée et à venir au secours de Paris.

Aujourd'hui, que l'armée de M. Bourbaki n'existe plus, aujourd'hui qu'il n'est plus question de celle de M. Faidherbe, aujourd'hui que, par la capitulation de Paris, toutes les forces qui l'investissaient se trouvent libres de leurs mouvements, il faut que pour continuer la guerre, M. Chanzy ait tenu en réserve des trésors de valeur et de génie militaire, très-supérieurs encore à ceux qu'il a dépensés — sans résulats.

Et alors pourquoi les avoir réservés?

Ou s'il n'a que la même force — hélas! impuissante — à opposer à des forces ennemies décuplées — comment peut-il parler de continuer la guerre?

Hélas! c'est que tout le monde gagné, par une des tristes maladies de notre époque — prend une attitude et pose comme devant la machine de Nadar.

C'est que la phrase a gagné jusqu'aux soldats — c'est que, après la phrase de Jules Favre et celle de M° Gambetta, M. Trochu a dit :

« Le gouvernement ne capitulera pas! »

Comme M. Ducrot a dit :

« Je jure de ne rentrer que mort ou vainqueur! »

Comme Victor Hugo avait écrit :

« Je sortirai de la ville assiégée, et j'irai sans armes au-devant des Prussiens, etc., etc. »

C'est qu'on fait une phrase pour l'effet de la phrase, et que la phrase lâchée on ne se dit pas : « tant pis, la phrase est faite, il faut la payer. »

Après la grande scène si émouvante des adieux des représentants de l'Alsace et de la Lorraine — il est arrivé ce qui arrive dans les cirques après que les *grands artistes*, les premiers sujets, ont exécuté des exercices effrayants de force et d'audace, — les clowns viennent essayer et manquer lourdement et grotesquement ces mêmes excercices. Après la grande scène donc a eu lieu la scène des petites démissions — où M. Pyat a eu l'avantage — en destituant l'Assemblée.

Quelle triste aberration a pu entraîner le grand poète des *Châtiments* à prendre un rôle dans cette petite pièce?

Certes, l'Assemblée,—je parle de la majorité,— a été odieuse pour ce bon, ce grand, ce noble Garibaldi. — Hugo a eu mille fois raison de faire ressortir cette honteuse attitude, mais, au lieu de donner sa démission, ne valait-il pas mieux, comme le jeune et spirituel Lockroy, réduire au silence, par un cruel et mérité sarcasme, M. le général Ducrot.

Mais au moment où j'écris ces mots, j'apprends qu'il faut faire autour de Victor Hugo un silence sympathique.

Ses droits au respect acquis déjà, par son immense

et majestueux talent, viennent d'être doublés par un grand malheur ; son fils aîné est mort subitement.

Ce coup terrible me reporte à une autre époque d'épreuves douloureuses, en 1843. — Hugo étant en voyage, j'allai enterrer à Villequier et mettre dans le même tombeau sa fille Léopoldine et son gendre Charles Vacquerie, noyés tous deux ensemble, — dans ce tombeau où Mme Hugo a voulu aller les rejoindre.

A vingt-cinq ans de distance, en présence de cette même douleur, je sens vivante en moi cette même amitié.

Le malheur vient de donner une légitime et cruelle cause à la retraite du poète des *Feuilles d'automne.*— Le voilà hors de la politique qui ne l'a jamais grandi, si ce n'est par son beau livre des *Châtiments* — plus tard il rompra le silence — et cette amère tristesse se traduira et s'exhalera pour ses amis d'autrefois et pour ses admirateurs de toujours, en beaux vers payés bien chers, hélas ! c'est le sort du poète.

Tels les chèvre-feuilles s'élancent plus vigoureux qu'ailleurs de la terre des tombeaux où ils plongent leurs racines dans ce qui fut nos chers morts, en exhalant ces suaves parfums qui semblent être leur âme immortelle.

. . . . . Je n'en dirai pas davantage aujourd'hui, — mon livre ne sera pas l'histoire de tout ce qui s'est passé — mais une reproduction fidèle et sincère de ce que j'ai vu, et bien vu, dans le coin où je me suis trouvé.

Dans le livre, dont ceci n'est qu'un fragment, je dirai comment Jules Favre a expié, autant qu'il l'a pu, sa funeste phrase, en livrant lui-même « toutes les pierres de toutes les forteresses » et en gardant depuis une attidude triste, modeste et dévouée.

Je dirai comment mon vieil ami Crémieux s'est mis à l'amende de 100,000 fr. en réparation de sa triste faiblesse pour Mᵉ Napoléon Gambetta — et est ainsi sorti par en haut de la situation plus que fâcheuse où il s'était laissé mettre.

Je dirai que Mᵉ Gambetta avait conçu les rêves les plus insensés; qu'il a continué l'empire, avec cette différence seule qu'il était l'empereur, que son règne a prolongé, accru nos misères; et qu'il essaie, néanmoins encore, de prendre des attitudes et de faire une sortie théâtrale — abusant de ce que dans ce pays, où le ridicule ne tue plus assez, les déplorables conséquences de sa grotesque outrecuidance, laissent le public incertain et hésitant entre le rire et l'indignation. Thespis ne fait plus rire lorsqu'au lieu d'être « barbouillé de lie » il est barbouillé de sang.

Qu'on ne me fasse pas ici des phrases — qu'on ne me parle pas du respect dû à l'homme tombé, etc., etc., à ce titre il faudrait épargner l'homme de Sédan.

Quand on a l'audace de prendre la dictature, il faut réussir — le succès seul absout — sans justifier cependant.

Tant pis pour ceux qui sont entrés violemment dans « l'histoire » il faut qu'ils en subissent les justices.

Il faut savoir se résigner : les français ayant cessé d'être aveugles, je l'espère du moins, M. Gambetta perd le titre qu'un vieux proverbe lui donnait à la royauté.

Oui, certes, il y a des réactionnaires contre l'établissement de la République :

Mais si nous devons encore une fois traverser et la République et la liberté; en tête de la réaction, il faudra mettre ceux des membres si nombreux du parti, soi-disant républicain, qui n'attaquent les abus et la tyrannie que pour les conquérir; — pour qui la République n'est pas un but; mais une échelle; et qui à peine ayant escaladé un pouvoir éphémère n'ont rien de si pressé que de jeter aux orties, comme des guenilles devenues inutiles, ou comme les béquilles de Sixte-Quint, les grands principes de liberté, d'égalité, de fraternité, sur lesquels ils ont joué pendant si longtemps de bruyantes variations.

Et, à ce sujet, disons qu'il est un grand défaut du caractère Français; — c'est de ne savoir ni admirer ni mépriser.

Défions-nous de notre propension à l'engouement.

Par exemple, le rôle de M. Thiers est très-beau en ce moment, — mais je suis convaincu qu'il y a déjà des gens qui font ce raisonnement: « S'il arrive à fonder la République, il faudra l'en récompenser en le faisant Roi. »

Sauf, plus tard à demander qu'on le pende.

L'engouement, en effet, a une conséquence nécessaire et fatale, c'est le dénigrement — c'est l'ostracisme.

Vous faites d'un homme de génie, d'un homme de talent, d'un homme de courage, un demi-dieu, un Dieu.

Vous vous apercevez bientôt qu'il n'est qu'un homme de génie, de talent ou de courage — et vous dite, il nous a trompés, c'est un crétin, c'est un traitre, c'est un lâche.

Deux injustices!

Mais, si ce sort nous est réservé de « traverser encore une fois la République et la liberté » nous ne devons pas nous dissimuler que nous serons à tout jamais, aux yeux du monde contemporain et de l'histoire, un peuple de gamins, et qu'il faudra reconnaître nous mêmes que nous ne sommes pas et n'avons jamais été des « esclaves aspirant à briser leurs fers », mais des domestiques capricieux aimant à changer de maîtres.

Ce qu'à Dieu ne plaise.

Alphonse KARR.

Saint-Raphaël (Maison Close).

Il est un homme qui a eu une grande et belle occasion d'acquérir une vraie gloire et de prendre dans l'histoire une place réellement élevée, — c'est le roi ou empereur Guillaume, — il n'avait qu'à se montrer noblement modéré dans la victoire.

Loin de là, cette guerre a pris, grâce au dit monarque et aux Prussiens, un caractère déclaré d'avidité, de brigandage, de pillage — que l'on s'efforçait pour le moins de dissimuler dans les guerres précédentes.

Le roi ou empereur Guillaume et ses soldats ont renoncé à l'hypocrite métaphore qui, appelait ça « cueillir des palmes et moissonner des lauriers. »

Ils ont franchement cueilli des pendules et moissonné de l'argenterie.

Il peut, — je veux l'espérer, sortir de là un grand bien : c'est que « la gloire militaire, » en sera complètement et à jamais déshonorée — et qu'on l'appelera à l'avenir de son vrai nom.

A. K.

POST-SCRIPTUM

Voici M. Thiers chef du pouvoir exécutif sous l'autorité de l'Assemblée des Représentants. C'est-à-dire à peu près président de la République — et peut-être vaut-il autant qu'on ne soit pas plus président que cela.

L'idée républicaine a plusieurs griefs contre M. Thiers; je ne parlerai que de deux :

Son histoire si célèbre, si populaire, du *Consulat et de l'Empire* a beaucoup contribué à propager cette légende, cette mythologie Napoléonienne qui nous a amené le second empire.

Au 10 décembre, il a voté, et, qui pis est, a fait voter pour la présidence du « prince Louis » sans laquelle la République eût peut-être été fondée.

Aujourd'hui, élu par 26 départements, il apporte au service de la France en péril, une longue expérience des affaires, et un esprit souple, subtil, très exercé, très pratique et presque toujours du bon sens, sauf sur quelques questions où il a conservé certains préjugés.

Met-il également ces facultés, sans arrière-pensée, au service de la République?

Je le croirais : — il est facile d'aimer une République dont on est le président — et d'ailleurs la grandeur du rôle qu'il est, à ce titre,

5*

appelé à jouer, doit lui paraître un magnifique
couronnement de sa longue carrière politique.

Plus de replâtrages, plus de r'habillages.

On a parlé de réunir tous les ministères aux
Tuileries, très bien — alors il faut vendre tous les
bâtiments consacrés à ces ministères — cela fera
de l'argent et empêchera qu'ils ne restent vacants,
pour éviter qu'un roi — sous un titre quelconque plus ou moins élastique — élargisse son appar-
tement aux Tuileries et renvoie les ministères à
leurs anciens logements, — le président ou le chef
du pouvoir exécutif continuera à demeurer chez lui
et viendra à ses bureaux; — quand on le chan-
gera, il n'y aura pas à le déloger, ce qui est quelquefois difficile, il n'aura qu'à rester chez lui.

Aliénation ou appropriation à des objets d'utilité
publique de tous les palais, châteaux, etc.

Qu'il en soit de même des divers bâtiments assi-
gnés aux préfectures.

On examinera s'il y a bien besoin de sous-préfets.

Qu'il n'y ait pas en France d'appointements au-
dessus de 12,000 francs.

On parle aussi de reconstituer l'armée — çà c'est
moins bien — disons toute notre pensée — c'est
absurde.

Si nous voulons sincèrement la République — il
faut brûler nos vaisseaux.

Il nous faut aussi faire de grandes et sérieuses
économies pour payer le tribut exigé par la Prusse
— et en même temps pour réparer nos désastres —
et aussi pour prendre l'habitude d'une sage économie.

Il faut imiter le négociant malheureux qui veut

tout payer, se réhabiliter et refaire sa fortune avec plus de prudence et de certitude.

C'est à ce triple titre que je fais les quelques propositions que voici :

Démolissons ou fermons les niches où nous ne voulons pas mettre de saints.

Supprimons le trône avec toute la piaffe et toutes les splendeurs ruineuses de la royauté.

Ne nous contentons plus des synonymes avec lesquels on a si longtemps abusé, mené et égaré la France.

Tels que : « plus de gendarmes mais une garde municipale — plus de conscription, mais le recrutement — plus de royauté, mais une présidence assise sur le même fauteuil que la royauté avec le même pouvoir de corrompre. »

Notre système militaire a fait ses preuves, il est mauvais — insuffisant contre l'agression du dehors — dangereux pour la liberté au-dedans.

N'essayons pas de construire une France nouvelle avec des vieux matériaux hors de service — des poutres pourries, des pierres délitées, des plâtras de démolition.

Reconstituer veut dire remettre dans son état primitif — c'est tout le contraire qu'il faut faire.

Notre système militaire doit être calqué sur celui de la Suisse — système qui assure à la fois la défense du pays au dehors et son indépendance au dedans.

Reconstituer une armée en ce moment, où vous n'avez pas de guerre à faire. — Pourquoi ?

Licenciez donc l'armée, pas pour toujours, —toujours, ça ne dure pas assez longtemps, — mais pour dix ans en ne gardant que des cadres d'instructeurs — et employez ces dix années à vous mettre en état de n'avoir plus jamais d'armées permanentes, mais à instituer une nation armée, qui ne soit pas à la disposition d'un ambitieux ou d'un fou.

Le licenciement de l'armée est en même temps une immense économie.

Enfin, pour en finir avec la royauté — et pour se procurer une grosse, très grosse somme d'argent, prenez-moi les divers joyaux, bibelots, etc., connus sous le nom de « diamants de la couronne » — leur valeur commerciale est importante, mais elle sera centuplée et au de-là, si vous les mettez en loterie — comme on mit autrefois le lingot d'or — l'appât des lots et la sympathie des peuples (je ne parle pas des gouvernements) de l'Europe et de l'Amérique pour la France, feront prendre rapidement tous les billets de cette loterie.

J'ai encore un mot à dire :

Le suffrage universel, tel qu'il a été pratiqué jusqu'ici, a été un instrument aveugle — un torrent sans digues qui nous a donné successivement l'empire et la guerre. Il faut non pas le supprimer, non pas le diminuer, mais le régulariser.

Vous venez d'exercer, sans y faire attention, le suffrage universel à deux degrés et vous êtes satisfaits du résultat. Vous avez élu une Assemblée de représentants qui a nommé M. Thiers chef du pouvoir exécutif ; vous continuerez à être tous électeurs et tous éligibles, mais vous exprimerez votre volonté en deux votes, c'est-à-dire avec plus de maturité. Vous nommerez tous des électeurs qui nommeront les députés, comme la Chambre se divise et se subdivise en commissions pour élucider les questions ; le vote doit être obligatoire sous des peines sévères, et pour être obligatoire sans être une lourde charge, il faut qu'il ait lieu à la commune, ce qui a en outre l'avantage d'assurer sa sincérité.

En voilà assez pour commencer.

Commençons !

AUTRE POST-SCRIPTUM

publié dans plusieurs journaux avant le vote de la translation
de l'Assemblée à Versailles.

Il me semble que M. Thiers comprend la faute que fait l'Assemblée et qu'il ne se sent pas assez d'autorité pour l'empêcher.

Jamais, du moins d'ici à longtemps, on ne prendra en sérieuse considération en France un gouvernement dont le siége ne sera pas à Paris. On doit décentraliser la France avec le temps, par les mœurs politiques et administratives, mais pas par un déménagement. — Décentraliser, non décapiter !

Disons le gros mot : de quoi avez-vous peur ?

Vous avez peur d'une émeute qui envahirait et violenterait l'Assemblée. J'aurais bien plus peur d'une émeute qui prendrait votre place laissée vacante, qui s'installerait sur vos siéges et s'intitulerait « *le gouvernement de Paris,* » tandis que vous seriez « *le gouvernement de Bordeaux* ou *de Versailles.* » Un gouvernement de province ou de banlieue, — quelque chose comme Charles VII, roi de Bourges.

Henri IV sentait si bien qu'il n'était qu'un aventurier tant qu'il n'était pas à Paris, que, pour y entrer. il s'opposa par son abjuration à s'aliéner les fidèles compagnons de ses fortunes diverses.

Une Assemblée des représentants de la nation, librement élus, devrait avoir assez la confiance de sa force et de sa majesté pour ne pas reculer devant une poignée d'émeutiers — les vrais reactionnaires — qui ont montré ce qu'ils valaient quand il s'est agi de marcher contre les Prussiens.

N'ayez pas peur de Paris si vous avez réellement pour but la fondation de la République, si vous ne rêvez de restauration monarchique sous aucune forme. Dans le cas contraire, ayez peur de Paris et de toutes les villes de France.

Si vous ne croyez pas pouvoir à Paris vous défendre contre l'émeute, l'émeute sera bien plus puissante par votre absence ; elle n'envahira pas le Corps legislatif, elle s'y installera, et si l'émeute fait cela a Paris, elle le fera à Lyon, elle le fera à Saint-Raphaël.

Une proclamation aujourd'hui sur les murs de Paris — quatre lignes :

« Habitants de Paris ! Les représentants de la France « viennent au milieu de vous travailler à la fondation « de la République, et vous confient le soin de l'indé- « pendance et de la sécurité de leurs délibérations et « de leurs travaux. »

Et entrez à Paris demain matin, et tout droit à vos places au Corps législatif.

www.ingramcontent.com/pod-product-compliance
Lightning Source LLC
Chambersburg PA
CBHW070916280326
41934CB00008B/1742